LEARN RUSSIAN
LANGUAGE

WHITE BELT MASTERY

© **Copyright 2021 - All rights reserved.**

The contents of this book may not be reproduced, duplicated, or transmitted without direct written permission from the author.

Under no circumstances will any legal responsibility or blame be held against the publisher for any reparation, damages, or monetary loss due to the information herein, either directly or indirectly.

Legal Notice:

This book is copyright protected. This is only for personal use. You cannot amend, distribute, sell, use, quote, or paraphrase any part of the content within this book without the consent of the author.

Disclaimer Notice:

Please note the information contained within this document is for educational and entertainment purposes only. Every attempt has been made to provide accurate, up to date, and reliable complete information. No warranties of any kind are expressed or implied. Readers acknowledge that the author is not engaging in the rendering of legal, financial, medical, or professional advice. The content of this book has been derived from various sources. Please consult a licensed professional before attempting any techniques outlined in this book.

By reading this document, the reader agrees that under no circumstances is the author responsible for any losses, direct or indirect, which are incurred as a result of the use of the information contained within this document, including, but not limited to, —errors, omissions, or inaccuracies.

Contents / Содержание

Introduction / Введение 1

1. Meet Mr. Russian Alphabet / Знакомство с Алфавитом 3
   The Russian Alphabet / Алфавит русского языка 9
   Exercises / Упражнения 11
2. Saying hello and goodbye in Russian / Здороваемся и
   прощаемся по-русски 13
   Hi! How are you? / Приве́т! Как у тебя́ дела́? 13
   What is a patronymic? / Что тако́е "о́тчество"? 16
   When it's time to say goodbye / Когда́ пришло́ вре́мя проща́ться 19
   Exercises / Упражнения 22
   Glossary / Словарь 24
3. Getting to know each other / Знакомимся друг с другом 26
   What is your name? / Как тебя́ зову́т? 28
   Exercises / Упражнения 31
   Where are you from? / Отку́да ты? 33
   What do you do? / Чем вы занима́етесь? 40
   Exercises / Упражнения 44
   Glossary / Словарь 46
4. What is it? Who is it? / Что это? Кто это? 50
   Exercises / Упражнения 57
   Glossary / Словарь 59

iii

5. How old are you? / Сколько вам лет? 61
　Learn Russian numbers / У́чим ци́фры 61
　How old are you? / Ско́лько вам ле́т? 64
　Exercises / Упражнения 68
　Glossary / Словарь 70

6. I have got oranges / У меня есть апельсины 72
　Give me an apple, please / Да́йте мне я́блоко, пожа́луйста 76
　Exercises / Упражнения 81
　Glossary / Словарь 83

7. I have not got any pears / У меня́ нет груш 85
　There is a bed in my room / В мое́й ко́мнате есть крова́ть 94
　Exercises / Упражнения 98
　Glossary / Словарь 100

8. Everyday activities / Ежедневные дела 102
　What time is it? / Ско́лько вре́мени? 103
　What time do you get up? / В кото́ром часу́ ты просыпа́ешься? 111
　My day / Мой день 113
　I go to work at 6 o'clock / Я иду́ на рабо́ту в 6 часо́в 115
　Exercises / Упражнения 119
　Glossary / Словарь 125

9. Vika and Vanya are going to Moscow / Вика и Ваня едут в Москву 131
　How do I get to…? / Как добра́ться до…? 137
　Around the city / В го́роде 141
　They go by car / Они́ е́дут на маши́не 147
　Exercises / Упражнения 150

    Glossary / Словарь 154

10. What do you like to do? / Чем ты любишь заниматься? 163
    Hobbies / Хо́бби..164
    Let's go to the cinema! / Дава́й схо́дим в кино́! 172
    It often snows in winter / Зимо́й ча́сто идёт снег...........178
    Exercises / Упражнения..182
    Glossary / Словарь 185

11. She has got a beautiful face / У неё красивое лицо............... 191
    What do you look like? / Как ты вы́глядишь?.................196
    I'm wearing a red dress / На мне наде́то кра́сное пла́тье.....199
    What are you wearing? / Что на тебе́ наде́то?.................201
    Exercises / Упражнения..205
    Glossary / Словарь 209

Congratulations! / Поздравляю!... 214
Keys / Ответы 216

Introduction / Введение

Dear Learner,

It's amazing to know that you have decided to immerse yourself in the exciting process of learning the Russian language. Russian is a beautiful language spoken by hundreds of millions people worldwide. This was the language spoken by such literature genius as Lev Tolstoy, Fyodor Dostoevskiy, Alexander Pushkin and many others. Reading their masterpieces in original is an incredible pleasure! And you are already on the way to being able to do this yourself! I hope that this book will keep you a good company on your journey!

This book is designed for total beginners. It will guide you through some very basic concepts of the Russian language.

The book has 11 modules. In the beginning of each module you will see a short simple dialogue or a text presenting the topic covered in the module. Each module introduces new vocabulary, grammar and useful language that you can use in real-life conversations with Russian-speakers. After the module there goes a set of exercises followed by a glossary. In the end of the book you will find keys to all of the exercises.

The book also gives some insights on the Russian culture, traditions and way of life. This will, hopefully, help you better understand the language.

After finishing this book you will know how to say hello and goodbye in Russian, get to know other people, ask and tell the time, ask and tell directions, describe yourself and other people, speak about your day and family. And that is not all…

Buckle up and get ready — this is going to be a crazy fun ride!

1.
Meet Mr. Russian Alphabet / Знакомство с Алфавитом

The Russian alphabet is based on the Cyrillic script. It has 33 letters: 10 letters indicate vowels, 21 letters indicate consonants and 2 letters are non-vocalized. The Russian alphabet has little in common with the English alphabet. But the good news is: having learned the Russian alphabet, you'll be able to read any text written in Russian! Awesome, huh?

1. The following letters are similar in Russian and English:

Letter	Sound	Common transliteration
А а	"a" in card	a
О о	"o" in folk	o
З з	"z" in zoo	z
К к	"k" in kite	k
М м	"m" in mop	m
С с	"s" in street	s
Т т	"t" in table	t

Practice reading the words below:

Кот [kot], сок [sok], мост [most], сом [som]
Тот [tot], сто [sto], замо́к [zamo´k]
Мак [mak], ма́ма [ma´ma], там [tam]
Таз [taz], так [tak], мат [mat], ка́ста [ka´sta]

Word stress is very important in the Russian language. It is indicated by a special stress sign (´). Sometimes word stress is the only thing that can help you differentiate between two similar words. Compare:
- **замо́к** [zamo´k] (lock) / **за́мок** [za´mok] (castle)
- **за́пах** [za´pakh] (scent) / **запа́х** [zapa´kh] (wrapover)
- **хло́пок** [khlo´pok] (cotton) / **хлопо́к** [khlopo´k] (pat)

2. The following letters look the same, but make different sounds.

Letter	Sound	Common transliteration
Е е	"ye" in yet	e, ye
У у	"oo" in book	u
В в	"v" in vet	v
Н н	"n" in nine	n
Р р	"r" in rule (roll your tongue to pronounce this sound)	r
Х х	"ch" in loch	kh

Practice reading the words below:

Верх [verkh], вар [var], воз [voz], век [vek], вот [vot]
Нос [nos], нас [nas], наст [nast], зонт [zont], канва́ [kanva´]
Руно́ [runo´], рост [rost], рок [rok], рак [rak]
Хор [khor], хна [khna], хрен [khren], ха́та [kha´ta]
Еда́ [yeda´], ме́ра [me´ra], ве́ра [ve´ra], мех [mekh], уха́ [ukha´], ум [um]

3. The following letters look different, but the sounds they make are similar to some English sounds.

Letter	Sound	Common transliteration
Ё ё	"yo" in your	yo
И и	"ee" in bee	i
Э э	"e" in vet	e
Ю ю	"u" in use	yu
Я я	"ya" in yard	ya
Б б	"b" in boat	b
Г г	"g" in goat	g
Д д	"d" in do	d
Л л	"l" in lamb	l
П п	"p" in pot	p
Ф ф	"f" in face	f

The letter "Ё ё" is always stressed. Those two dots resemble a stress sign "´"

Practice reading the words below:

Бак [bak], болт [bolt], бум [bum], бок [bok], бал [bal]
Гол [gol], гул [gul], гам [gam], гурт [gurt], грот [grot]
Дом [dom], да´ма [da´ma], дно [dno], дан [dan], дар [dar]
Лак [lak], лук [luk], литр [litr], ли´ра [li´ra], лот [lot]
Пар [par], прут [prut], пир [pir], пуск [pusk], пол [pol]
Фон [fon], фен [fen], уф [uf], фата´ [fata´], флот [flot]
Ёж [yozh], мёд [myod], э´му [e´mu], э´ра [e´ra], ю´рта [yu´rta], я´ма [ya´ma], як [yak]

Unstressed vowels "е", "о", "э" and "я" often change their pronunciation:

- е → и   For example: метро´ (subway) → [mitro´]
- о → а   For example: коро´ва (cow) → [karo´va]
- э → и   For example: эква´тор (equator) → [ikva´tar]
- я → е   For example: Яма´йка (Jamaica) → [Yema´ika]
- я → и   For example: водяно´й (merman) → [vadino´i]

4. The following letters do not have equivalents in English.

Letter	Sound	Common transliteration
Ы ы	"i" in hit *(rough equivalent)*	y
Ж ж	"s" in treasure	zh
Й й	"y" in toy	i
Ц ц	"ts" in cats	ts
Ч ч	"ch" in church	ch
Ш ш	"sh" in shut	sh
Щ щ	"sh" in sheep	shch
ъ	hard sign *(makes the preceding consonant hard)*	'' ⎫ non-vocalized letters
ь	soft sign *(makes the preceding consonant soft)*	' ⎭

Practice reading the words below:

Жир [zhir], жар [zhar], жук [zhuk]
Йод [yod] йо´га [yo´ga], рай [rai]
Бац [bats], ку´рица [ku´ritsa], яйцо´ [yaitso´]
Чай [chai], час [chas], ча´ща [cha´shcha]
Шар [shar], шум [shum], шарф [sharf]
Щи [shchi], щу´ка [shchu´ka], щит [shchit]
Объе´кт [ob''ye´kt], подъём [pad''yo´m], объя´ть [ab''ya´t']
Вью´га [v'yu´ga], тень [tyen'], лень [lyen'], спать [spat']

Be careful! Adding softness to the final consonant in some words (pronouncing it softer than you should) can change the meaning of the original words!
Compare:

    Был [byl] (was) – **быль** [byl'] (true story)

    Пыл [pyl] (passion) – **пыль** [pyl'] (dust)

    Брат [brat] (brother) – **брать** [brat'] (to take)

    Дал [dal] (gave) – **даль** [dal'] (far away land)

    Бит [bit] (bit) – **бить** [bit'] (to hit)

The Russian Alphabet / Алфавит русского языка

Letter		Sound	Common transliteration
А а	арбу́з	"a" in card	a
Б б	бара́н	"b" in boat	b
В в	волк	"v" in vet	v
Г г	гусь	"g" in goat	g
Д д	дом	"d" in do	d
Е е	ено́т	"ye" in yet	e, ye
Ё ё	ёж	"yo" in your	yo
Ж ж	жук	"s" in treasure	zh
З з	зонт	"z" in zoo	z
И и	игра́	"ee" in bee	i
Й й	йо́га	"y" in toy	i
К к	ка́рта	"k" in kite	k
Л л	лимо́н	"l" in lamb	l
М м	мука́	"m" in mop	m
Н н	нос	"n" in nine	n
О о	оре́х	"o" in folk	o
П п	пух	"p" in pot	p
Р р	ра́ма	"r" in rule (roll your tongue to pronounce this sound)	r
С с	сок	"s" in street	s

Т т	тост	"t" in table	t
У у	уда́в	"oo" in book	u
Ф ф	фен	"f" in face	f
Х х	хлеб	"ch" in loch	kh
Ц ц	цыплёнок	"ts" in cats	ts
Ч ч	ча́ша	"ch" in church	ch
Ш ш	ши́шка	"sh" in shut	sh
Щ щ	щу́ка	"sh" in sheep	shch
ъ	объе́кт	hard sign *(makes the preceding consonant hard)*	" (non-vocalized)
Ы ы	пыль	"i" in hit *(rough equivalent)*	y
ь	вьюн	soft sign *(makes the preceding consonant soft)*	' (non-vocalized)
Э э	э́ра	"e" in vet	e
Ю ю	юла́	"u" in use	yu
Я я	я́ма	"ya" in yard	ya

Now you can have some practice with the exercises below. Feel free to refer to the module's contents if needed.

 **Exercises / Упражнения**

1. Match the letters and the sounds they make.

З з	yo
Р р	ch
Н н	yu
Ё ё	shch
Ш ш	y
Ы ы	ya
С с	n
Ч ч	s
Ю ю	r
Я я	f
Ф ф	z

2. Write Russian words based on their transliterations:

khleb	
kache´lya	
prive´t	
alfavi´t	
s''yom	
zhivo´t	
shcheka´	
tyl	
shi´shka	
pis'mo´	
yozh	

3. Find the odd one out.

кот	рот	мат	вол
флаг	фен	фон	тон
ка́рта	па́рта	ма́рта	вара́н
подъе́зд	ольха́	вью́га	бульо́н
ёж	еда́	ёрш	ёлка
щека́	жена́	шала́ш	ры́ба

Отлично! / Excellent!

2.

Saying hello and goodbye in Russian / Здороваемся и прощаемся по-русски

Hi! How are you? / Приве́т! Как у тебя́ дела́?

In order to greet somebody in Russian in a right way you should remember that in the Russian language there are two versions of the pronoun "you":
- "Вы" [vy] is used to address several people (i.e. plural "you") or to address a person in a formal situation (in this case it's a formal/polite singular or plural "you")
- "Ты" [ty] is the informal singular "you" which you use when talking to your relatives and friends.

Have a look at the dialogue between two friends, Vanya and Kolya:

> Приве́т, Ва́ня! Как у тебя́ дела́?
> [Prive´t Va´nya! Kak u tibya´ dila´?]
> Hi Vanya! How are you?

> Приве́т, Ко́ля! У меня́ всё хорошо́. А у тебя́?
> [Prive´t Ko´lya! U minya´ fsyo´ kharasho´. A u tibya´?]

> И у меня́ всё хорошо́.
> [I u minya´ fsyo´ kharasho´.]
> I'm fine too.

Informal greetings:

Приве́т	[Prive´t]	Hi
Как у тебя́ дела́? *or simply* Как дела́?	[Kak u tibya´ dila´?] [Kak dila´?]	How are you?
У меня́ всё хорошо́.	[U minya´ fsyo´ kharasho´.]	I'm fine.
or simply Всё хорошо́.	[Fsyo´ kharasho´.]	Fine.

Now read this small dialogue between two business partners:

> Здра´вствуйте, Ива´н Никола´евич! Как пожива´ете?
>
> [Zdra´stvuiti, Iva´n Nikalaivi´ch! Kak pazhiva´iti?]
>
> Hello Ivan Nikolaevich! How are you?

> Здра´вствуйте, Никола´й Ива´нович! Хорошо´! А вы´?
>
> [Zdra´stvuiti, Nikala´I Iva´navich! Kharasho´! A vi´?]
> Hello Nikolai Ivanovich! I'm fine. And you?

> Всё хорошо´.
> [Fsyo´ kharasho´.]
> I'm fine.

Formal greetings:

Здра´вствуйте	[Zdra´stvuiti]	Hello
Как пожива´ете? *Or* Как у вас дела´?	[Kak pazhiva´iti?] *Or* [Kak u vas dila´?]	How are you doing?

Have you noticed the difference? Look at the questions "Как у тебя´ дела´?" and "Как у вас дела´?" one more time. The questions are almost identical, except for the words "тебя" and "вас". They are derivatives of the informal and formal you's:

- Ты [ty] (informal) → Тебя́ [tibya´]
- Вы [vy] (formal) → Вас [vas]

Shaking hands is a typical greeting gesture used by male Russians in both formal and informal situations. Female Russians rarely shake hands. This can be seen only during something like formal business meetings.

What is a patronymic? / Что тако́е "о́тчество"?

In the formal dialogues above you could notice that the speakers used very long names when addressing each other: they used "Ива́н Никола́евич" and "Никола́й Ива́нович" instead of simple, short names "Ва́ня" and "Ко́ля". The part following the longer first name is called a patronymic — a derivative of a person's father's name. This is an inherent part of Russian full names, which usually consist of three parts: a surname (фами́лия), a long version of a first name (и́мя) and a patronymic (о́тчество). Let's see some examples of how full names are formed:

- Ваня (a short name, male) → Сидоров Иван Петрович (a full name)

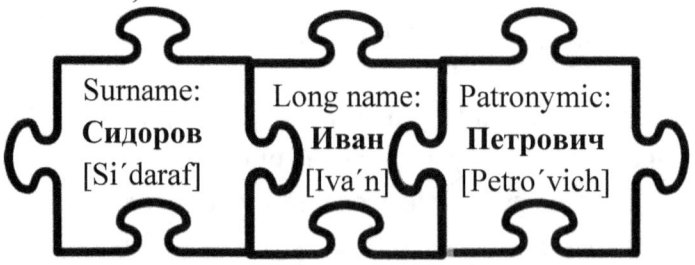

- Оля (a short name, female) → Петрова Ольга Андреевна (a full name)

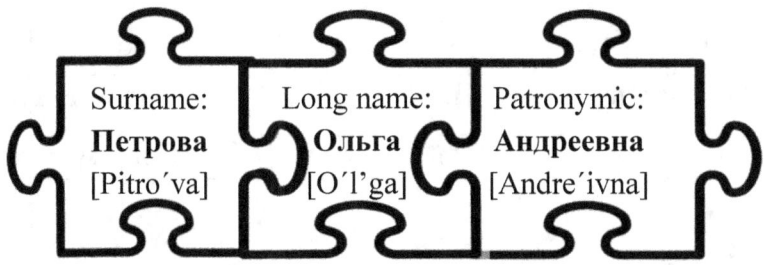

- Аня (a short name, female) → Иванова Анна Павловна (a full name)

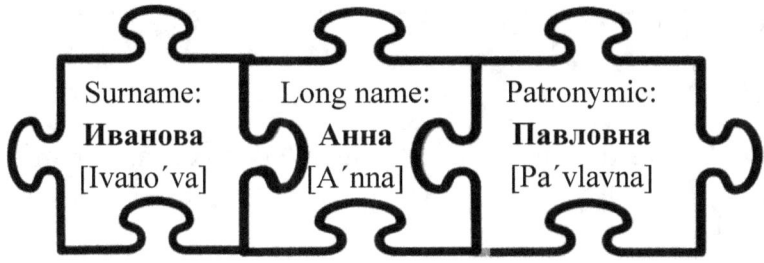

The combination **a long name + a patronymic** is a polite, formal way of addressing someone. You can hear Russians use this combination when referring to their teachers, bosses, colleagues at work, etc. In informal situations with friends they are most likely to use short names.

Some other ways of saying "hello" in Russian depending on the time of day:

До́брое у́тро	[Do´brae u´tra]	Good morning
До́брый де́нь	[Do´brii de´n']	Good afternoon
До́брый ве́чер	[Do´brii ve´chir]	Good evening

<u>Exception:</u>

До́брой но́чи	[Do´brai no´chi]	Good night

"Доброе утро" can be equally used in formal and informal situations, while *"Добрый день"* and *"Добрый вечер"* are rather formal.

"Доброй ночи" in Russian, like "Good night" in English, is NOT used to say hello. It's one of the ways to say goodbye.

Let's have a look at some examples.

<u>Formal:</u>

- До́брый де́нь! Чем я могу́ вам помо́чь?

[Do´brii de´n'! Chem ya magu´ vam pamo´ch?]	Good afternoon! How can I help you?

- До́брое у́тро, Ви́ктор Влади́мирович! Ваш ко́фе на столе́.

| [Do´brae u´tra, Vi´ktar Vladi´miravich! Vash ko´fi na stale´.] | Good morning, Viktor Vladimirovich. Your coffee is on thze desk. |

Informal:

- До́брое у́тро, мама! Я хочу есть.

| [Do´brae u´tra, ma´ma! Ya khachu´ e´st'.] | Good morning, mum! I'm hungry. |

- До́брой но́чи! Кре́пких снов!

| [Do´brai no´chi! Kre´pkikh snov!] | Good night! Sleep tight! |

When it's time to say goodbye / Когда́ пришло́ вре́мя проща́ться

When saying goodbye to your friends, relatives and the people whom you know well use one of the informal goodbyes, such as:

Пока́	**[Paka´]**	**Bye**
Уви́димся	[Uvi´dimsya]	See you
Дава́й*	[Dava´i]	Bye

*The word "Дава́й" is <u>very</u> informal. Its literal translation is not "Bye", however you can often hear Russians ending their conversations like that. Usually it's the person answering to a goodbye who uses this word or different variations with this word:
- Дава́й [Dava´i]
- Ну ла́дно, давай [Nu la´dna, dava´i]

Now have a look at how the friends, Vanya and Kolya, ended their conversation:

Приве́т, Ва́ня! Как у тебя́ дела́?
[Prive´t Va´nya! Kak u tibya´ dila´?]
Hi Vanya! How are you?

Приве́т, Ко́ля! У меня́ всё хорошо́. А у тебя́?
[Prive´t Ko´lya! U minya´ fsyo´ kharasho´. A u tibya´?]
Hi Kolya! I'm fine. And you?

И у меня́ всё хорошо́.
[I u minya´ fsyo´ kharasho´.]
I'm fine too.

Дава́й.
[Dava´i.]
Bye.

Здо́рово! Пока́, Ваня.
[Zdo´rava! Paka´, Va´nya.]
Great! Bye, Vanya.

When it comes to saying a formal goodbye, Russians will most likely use:

| До свида́ния | [Da svida´niia] | Goodbye |

If you and your dialogue partner have agreed to meet later, you can also say:

| До встре́чи | [Da vstre´chi] | See you later |

After saying goodbye male Russians often shake hands before they leave. This gesture is widely used in formal as well as in informal environment.

Now you can have some practice with the exercises below. Feel free to refer to the module's contents if needed.

 **Exercises / Упражнения**

1. Fill in the columns with the corresponding names, words and phrases.

Здравствуйте	Пока	Как поживаете?	Добрый день
Коля	Привет	Увидимся	Как у вас дела?
Иван Николаевич	До свидания	Как у тебя дела?	Ваня

Formal	Informal

2. Fill in the gaps in the following dialogue.

Всё / как дела́ / пожива́ете / Макси́м Семёнович / Здра́вствуйте / До свида́ния

1_____, Ива́н Никола́евич! Как 2_____?

Здра́вствуйте, 3_____! Хорошо́! А у ва́с 4_____?

5_____ хорошо́.

Я ра́д*. 6_____!

До свида́ния!

* [Ya ra´d] / I'm glad

3. Match the short names with their long versions.

Оля	Мария
Маша	Пётр
Петя	Владимир
Даша	Александр
Вова	Екатерина
Дима	Ольга
Катя	Дарья
Саша	Дмитрий

4. Fill in the columns with male and female Russian names.

Ксюша / Ксения   Витя / Виктор   Сёма / Семён

Паша / Павел   Таня / Татьяна   Костя / Константин

Наташа / Наталья   Лёша / Алексей   Аня / Анна

Света / Светлана   Вася / Василий

Male	Female

5. Put the lines into the correct order to make a dialogue.

1. Всё хорошо. Тороплюсь*.
2. Пока!
3. Привет, Маша! Как дела?
4. Привет, Оля!
5. Увидимся!
6. Хорошо! А у тебя?

*[Taraplyu´s'] / I'm in a hurry.

Отличная работа! / Great job!

Glossary / Словарь

Russian	Transliteration	English
(У меня´) всё хорошо´	[(U minya´) fsyo kharasho´]	I'm fine
Вы	[Vy]	You (plural, polite/formal)
До встре´чи	[Da vstre´chi]	See you later
До свида´ния	[Da svida´niya]	Goodbye
Доброе утро	[Do´brae u´tro]	Good morning
Доброй ночи	[Do´brai no´chi]	Good night
Добрый вечер	[Do´bryi ve´chir]	Good evening

Добрый день	[Do´bryi den']	Good afternoon
здоро´ваться	[zdaro´vatsa]	to say hello
Здо´рово!	[Zdo´rava!]	Great! / Awesome!
Здра´вствуйте	[Zdra´stvuiti]	Hello
И´мя	[I´mya]	Name / First name
Как (у тебя´ / у вас) дела´?	[Kak (u tibya´ / u vas) dila´?]	How are you?
Как поживаете?	[Kak pazhiva´iti?]	How are you doing?
Кре´пких снов	[Kre´pkikh snov]	Sleep tight
О´тчество	[O´chistva]	Patronymic
Пока´	[Paka´]	Bye
Приве´т	[Prive´t]	Hi
Проща´ться	[Prashcha´tsa]	to say goodbye
Ты	[Ty]	You (informal)
Уви´димся	[Uvi´dimsya]	See you
Фами´лия	[Fami´liya]	Surname / Last name
Чем я могу´ вам помо´чь?	[Chem ya magu´ vam pamo´ch?]	How can I help you?
Я	[Ya]	I
Я тороплю´сь	[Ya taraplyu´s']	I'm in a hurry

3.
Getting to know each other / Знакомимся друг с другом

GRAMMAR: Grammatical cases

Russian has 6 grammatical cases. In Russian they are called "падежи́" [padizhi´] (sg.: паде´ж [pade´zh]).

- Nominative case (who? what? [as a subject])
- Genitive case (without whom? without what?)
- Dative case (to/for whom? to/for what? [as an indirect object])
- Accusative case (whom? what? [as a direct object])
- Instrumental case (with/by whom? with/by what?)
- Prepositional case (about/on/of whom? about/on/of what?)

NOTE: Most Russian nouns, adjectives, numerals and pronouns inflect for case.

Personal pronouns "я", "ты", "вы" and grammatical cases

Let's have a look at how the personal pronouns "**я**" (I), "**ты**" (informal you), "**вы**" (polite and plural you) inflect for case depending on their functions in a sentence:

Nom.	**Я** [ya] Ex.: Я рад [Ya rad] I'm glad	**Ты** [ty] Ex.: Ты рад [Ty rad] You're glad	**Вы** [vy] Ex.: Вы рады [Vy ra´dy] You're glad
Gen.	**Меня** [minya´] Ex.: Меня тут нет [Minya´ tut net] I'm not here	**Тебя** [tibya´] Ex.: Тебя тут нет [Tibya´ tut net] You're not here	**Вас** [vas] Ex.: Вас тут нет [Vas tut net] You're not here
Dat.	**Мне** [mne] Ex.: Дай мне яблоко [Da´I mne ya´blaka] Give me an apple	**Тебе** [tibe´] Ex.: Даю тебе яблоко [Dayu´ tibe´ ya´blaka] I'm giving you an apple	**Вам** [vam] Ex.: Даю вам яблоко [Dayu´ vam ya´blaka] I'm giving you an apple
Acc.	**Меня** [minya´] Ex.: Она видит меня [Ana´ vi´dit minya´] She sees me	**Тебя** [tibya´] Ex.: Она видит тебя [Ana´ vi´dit tibya´] She sees you	**Вас** [vas] Ex.: Она видит вас [Ana´ vi´dit vas] She sees you
Inst.	**Мной** [mno´i] Ex.: Идём со мной [Idyo´m sa mno´i] Come with me	**Тобой** [tabo´i] Ex.: Я иду с тобой [Ya idu´ s tabo´i] I'm going with you	**Вами** [va´mi] Ex.: Я иду с вами [Ya idu´ s va´mi] I'm going with you
Prep.	**Мне** [mne] Ex.: Он думает обо мне [On du´mait aba mne´] He's thinking about me	**Тебе** [tibe´] Ex.: Он думает о тебе [On du´mait a tibe´] He's thinking about you	**Вас** [vas] Ex.: Он думает о вас [On du´mait a vas] He's thinking about you

What is your name? / Как тебя́ зову́т?

Read the short dialogue below:

> Приве́т! Как тебя́ зову́т?
> [Prive´t! Kak tibya´ zavu´t?]
> Hi! What's your name?

> Приве́т! Меня́ зову́т Ники́та. А тебя́?
> [Prive´t! Minya´ zavu´t Niki´ta. A tibya´?]
> Hi! My name's Nikita. And yours?

> Меня́ зову́т Ми́ша. Прия́тно познако́миться!
> [Minya´ zavu´t Mi´sha. Priya´tna paznako´mitsa!]
> My name is Misha. Nice to meet you.

> Мне то́же прия́тно познако́миться!
> [Mne to´zhi priya´tna paznako´mitsa!]
> Nice to meet you too.

1. Is this dialogue formal or informal? What makes you think so? Did you notice different forms of the personal pronouns? Can you say which case each pronoun inflected for?

Below you will find some useful questions and phrases that you can use to make acquaintance with another person in Russian. Make sure you use formal, polite language when speaking to an older person, a person whom you don't know or a person of a higher social status.

Asking for a name:

Как тебя́ (вас) зову́т?	[Kak tibya´ (vas) zavu´t?]	What is your name?

Telling your name:

| Меня́ зову́т … | [Minya´ zavu´t…] | My name is … |
| Я … | [Ya …] | I'm …. |

Note that in the Russian language it's ok to make sentences without verbs. The Russian equivalent of "I am John" (a pronoun + verb "to be" + name) will be just "Я Джон" (a pronoun + name). This way of telling your name is rather informal.

Etiquette phrase said in the end:

Прия́тно познако́миться.	[Priya´tna paznako´mitsa]	Nice to meet you.
О́чень прия́тно.	[O´chen' priya´tna]	My pleasure.
Ра́д(-а)* познако́миться.	[Ra´d(-a)* paznako´mitsa]	Glad to meet you.

*Рад (glad) is the form which male speakers should use
Ра́да (glad) is the form which female speakers should use

A proper polite reaction to a "Nice to meet you" in both formal and informal dialogues will be basically **"и мне" / "мне то́же" / "я то́же"** or **"и мне"/ "мне то́же" / "я то́же"** + repetition of what the other person said. All these phrases mean "me too". For example:
- Прия́тно познако́миться! → Мне то́же (прия́тно познако́миться)
- Прия́тно познако́миться! → И мне (прия́тно познако́миться)
- Рад(-а) с ва́ми познако́миться! → Я то́же (ра́д(-а) с ва́ми познако́миться)

Now you can have some practice with the exercises below. Feel free to refer to the module's contents if needed.

Exercises / Упражнения

1. Fill in the table with missing forms of personal pronouns.

Nom.	Я	Ты	Вы
Gen.	Меня		Вас
Dat.		Тебе	
Acc.		Тебя	Вас
Inst.	Мной		Вами
Prep.	Мне	Тебе	

2. Read the dialogue below filling in the gaps with the correct pronouns.

Приве́т, Ми́ша! Как 1_____ зову́т?
[Prive´t! Kak _____ zavu´t?]
Hi! What's your name?

Приве́т! 2_____ зову́т Ники́та. А 3_____´?
[Prive´t! _____ zavu´t Niki´ta. A tibya´?]
Hi! My name's Nikita. And yours?

4_____ Ми́ша. Прия́тно познако́миться!
[_____ Mi´sha. Priya´tna paznako´mitsa!]
I'm Misha. Nice to meet you.

31

> 5_____ то́же прия́тно познако́миться!
> [____ to´zhi priya´tna paznako´mitsa!]
> Nice to meet you too.

3. A girl named Anya meets two girls whom she doesn't know. Make a dialogue where Anya makes acquaintance with the girls. Use the plural "you" (вы) in Anya's questions.

Where are you from? / Отку́да ты?

Do you know any countries in Russian? Do you know how you call the languages that are spoken there in Russian?

2. Read the names of countries and match them to their flags:

1. Герма́ния	4. Росси́я	7. Кана́да	10. Фра́нция
2. Ита́лия	5. Брази́лия	8. Испа́ния	11. Гре́ция
3. США	6. Великобрита́ния	9. Кита́й	12. Шве́ция

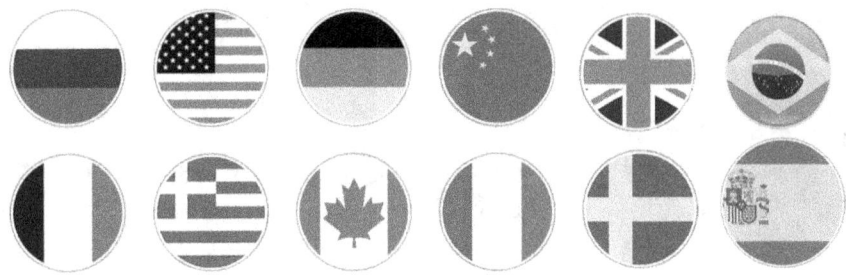

Read the short dialogue below. Two girls, Masha and Monika, have met in a hotel lobby and started a conversation. Note how the countries' names' endings have changed in the sentences (all the countries' names have been put into the genitive case).

Здра́вствуйте! Меня́ зову́т Мо́ника. А вас?

[Zdra´stvuiti! Minya´ zavu´t Mo´nika. A vas?]
Hello! I'm Monika. And you?

Я Ма́ша. Прия́тно познако́миться. Вы отку́да?

[Ya Ma´sha. Priya´tna paznako´mitsa. Vy otku´da?]
I'm Masha. Nice to meet you. Where are you from?

> **И мне прия́тно. Я из Кана́ды. А вы?**
>
> [I mne priya´tna. Ya iz Kana´dy. A vy?]
> I'm from Canada. And you?

> **Я из Росси́и. Из Москвы́.**
>
> [Ya iz Rasi´i. Iz Maskvy´.]
> I'm from Russia. From Moscow.

In genitive case
- the final "**я**" usually changes into "**и**". For example: Росси**я** → из Росси**и**, Испани**я** → из Испани**и**
- the final "**а**" usually changes into "**ы**" or "**и**". For example: Канад**а** → из Канад**ы**, Мексик**а** → из Мексик**и**
- the final "**й**" usually changes into "**я**". For example: Кита**й** → из Кита**я**

Abbreviations never inflect for case! For example: США → Я из США, *but* Америк**а** → Я из Америк**и**

3. The people in these countries speak the following languages. Read and write the country/countries. Note that in some countries the people speak more than one language.

1. Неме́цкий язы́к: _____
2. Шве́дский язы́к: _____

3. Испа́нский язы́к: _____

4. Англи́йский язы́к: _____, _____, _____

5. Кита́йский язы́к: _____

6. Португа́льский язы́к: _____

7. Ру́сский язы́к: _____

8. Францу́зский язы́к: _____, _____

9. Италья́нский язы́к: _____

10. Гре́ческий язы́к: _____

To say "I speak some language" in Russian say the following:
- **Я говорю́ по-** + the **language** name **without** the final "**й**"

For example:
> You want to say "I speak English". You start with "**Я говорю́ по-**" then add "**англи́йский**" without the final "**й**" → **Я говорю́ по-англи́йски**.
>
> I speak German → **Я говорю́ по-неме́цкий** → **Я говорю́ по-неме́цки**.
>
> I speak Italian → **Я говорю́ по-италья́нский** → **Я говорю́ по-италья́нски**.
>
> I speak Russian → **Я говорю́ по-ру́сский** → **Я говорю́ по-ру́сски**.

Read this short poem to find out how the people living in these and some other countries are called in Russian. Find and circle all nationalities.

В Герма́нии не́мцы говоря́т по-неме́цки,
В Кита́е кита́йцы говоря́т по-кита́йски,
А в Шве́ции — шве́ды, и язы́к у них — шве́дский,
Италья́нцы "Приве́т" ска́жут по-италья́нски.

Испа́нцы в Испа́нии говоря́т по-испа́нски,
Португа́льцы и брази́льцы — по-португа́льски,
Кана́дцы, францу́зы говоря́т по-францу́зски,
А ру́сский услы́шишь в Росси́и у ру́сских.

Америка́нцы и брита́нцы говоря́т об одно́м:
Язы́к у них о́бщий — "англи́йским" зовём.
Ещё на англи́йском говоря́т австрали́йцы,
Новозела́ндцы, ирла́ндцы, мальти́йцы.

GRAMMAR. Genders of nouns

Nouns in the Russian language belong to three genders: masculine (он – he), feminine (она́ - she) and neuter (оно́ - it).

You can identify which gender a noun belongs to by looking at the ending of the word in nominative case.

- ✓ The nouns of **masculine** gender usually end with a consonant or "й". For example:
  - Сто́л (table)
  - Дом (house)
  - Кле́й (glue)

There are several *exceptions* that end with "а" and "я". For example:
- Де́душка (grandpa)
- Мужчи́на (man)
- Дя́дя (uncle)

✓ The nouns of **feminine** gender usually end with "а", "я" or "ия". For example:
- Кни́га (book)
- Иде́я (idea)
- Биоло́гия (biology)

✓ The nouns of **neuter** gender usually end with "е", "о" or "ие". For example:
- По́ле (field)
- Окно́ (window)
- Пе́ние (singing)

4. Read the words and divide them into genders. Check the dictionary if needed.

Машина, стул, холод, метро, игрушка, журнал, лодка, лампа, компьютер, ребёнок, кот, желе, рыба, рисунок, пакет, дерево, полотенце, хоккей, фото, Интернет, радио, поле

Mascuine (он – he)	Feminine (она́ – she)	Neuter (оно́ – it)

When you look up a new word in a dictionary, you always see a letter m, f or n next to a Russian noun. The letter identifies which gender the noun belongs to.

When we talk about nationalities we use different words for referring to the people (plural), a man (singular, masculine) and a woman (singular, feminine).
- The **plural** forms usually end with "**-цы**" (немцы, китайцы, бразильцы), "**-ие**" (русские), "**-ы**" (шведы, французы), "**-и**" (греки), "**-яне**" (египтяне).
- The **masculine** forms usually end with "**-ец**" (немец, китаец, бразилец), "**-ий**" (русский), "**-**" (швед, француз, грек), "**-янин**" (египтянин).
- The **feminine** forms usually end with "**-ка**" (немка, испанка, шведка), "**-янка**" (китаянка, бразильянка, итальянка), "**-ая**" (русская), "**-анка/-инка**" (гречанка, украинка), "**-енка**" (француженка).

5. Fill in the table with the words defining the people (plural). Use the poem above for help.

People (plural)	Man (singular, masculine)	Woman (singular, feminine)
	Не́мец	Не́мка
	Испа́нец	Испа́нка
	Ру́сский	Ру́сская
	Италья́нец	Италья́нка
	Францу́з	Францу́женка
	Швед	Шве́дка
	Кита́ец	Кита́янка
	Брази́лец	Брази́льянка
	Америка́нец	Америка́нка
	Брита́нец	Брита́нка
	Кана́дец	Кана́дка

6. Read the information about four people below. Write down the missing information and think how these people would introduce themselves in Russian.

Ex. Имя/Name: Иван Страна/Country: Россия Национальность/Nationality: Русский Язык/Language: Русский	Здравствуйте! Меня зовут Иван. Я из России. Я русский. Я говорю по-русски.
1. Имя: Отто Страна: Германия Национальность: Язык:	3. Имя: Эрика Страна: США Национальность: Язык:
2. Имя: Луиза Страна: Франция Национальность: Язык:	4. Имя: Хосе Страна: Испания Национальность: Язык:

What do you do? / Чем вы занима́етесь?

Read these jobs out loud. Pay attention to your pronunciation.

| учи́тель | продаве́ц | полице́йский | официа́нт | студе́нт |
| врач | инжене́р | музыка́нт | фото́граф | строи́тель |

Read the short poem below and circle all the jobs you can see. Consult the dictionary if needed.

Все профе́ссии важны́,
И, коне́чно, нам нужны́
Врач, фото́граф и учи́тель,
Полице́йский и строи́тель,
Инжене́р, официа́нт,
Продаве́ц и музыка́нт.

To find out what a person does for a living we ask one of the following questions:

Informal:

Кто ты по профе́ссии?	[Kto ty pa prafe´sii?]	What's your profession?
Кем ты рабо́таешь?	[Kem ty rabo´taesh?]	What's your job?
Где ты рабо́таешь?	[Gde ty rabo´taesh?]	Where do you work?
Чем ты занима́ешься?	[Chem ty zanima´ishsya?]	What do you do?

Because there is no equivalent of the Present continuous in the Russian language and all the "shades" of the present tense are included in the Russian present simple, the last question can also mean "What are you doing?" (at the moment?").

Although all of the questions above can be used to find out what the other person's job is, the best question to ask, if you are not sure whether the person is employed or not, will be "Чем ты занима́ешься?". This question is quite neutral and doesn't imply that a person has a job. Using this question you ask for a person's occupation which includes being a student or a pensioner.

Formal / Polite:

Кто вы по профе́ссии?	[Kto vy pa prafe´sii?]	What's your profession?
Кем вы рабо́таете?	[Kem vy rabo´taete?]	What's your job?
Где вы рабо́таете?	[Gde vy rabo´taete?]	Where do you work?
Чем вы занима́етесь?	[Chem vy zanima´ites'?]	What do you do?

Note that the informal and polite "you"s require different verb endings. Compare:

Кем **ты** работа<u>ешь</u>? → Кем **вы** работа<u>ете</u>?

Answer:

To answer the question you use: **Я + job / occupation.** For example: **Я учи́тель**.

The good news is: Russian doesn't have any articles that can give a headache to learners of some other languages such as English or German, for example.

Кто вы по профе́ссии?

[Kto vy pa prafe´sii?]
What's your profession?

Я юри́ст.

[Ya yuri´st.]
I'm a lawyer.

Some professions can be defined by two nouns of different genders: the noun of **masculine** gender is for a **male** worker, while the noun of **feminine** gender is for a **female** worker. Study the examples below:

- Учи́тель (m) / Учи́тельница (f) → a teacher
- Студе́нт (m) / Студе́нтка (f) → a student
- Певе́ц (m) / Певи́ца (f) → a singer
- Официа́нт (m) / Официа́нтка (f) → a waiter / a waitress
- Журнали́ст (m) / Журнали́стка (f) → a journalist
- Продаве́ц (m) / Продавщи́ца (f) → a salesperson

Now you can have some practice with the following exercises. Feel free to refer to the module's contents if needed.

 **Exercises / Упражнения**

4. Read the texts and answer the questions.

Привет! Меня зовут Кристина. Я певица. Я из Испании. Я говорю по-испански, по-португальски, по-английски и по-русски.	
	Привет! Меня зовут Билл. Я строитель. Я из Америки. Я говорю по-английски.
Привет! Меня зовут Томас. Я из Германии. Я фотограф. Я говорю по-немецки и по-гречески.	
	Привет! Меня зовут Наташа. Я учительница. Я из России. Я говорю по-английски, по-французски и по-русски.
Привет! Меня зовут Никос. Я врач. Я из Греции. Я говорю по-гречески и по-итальянски.	

1. Who is a teacher?
2. Who speaks Russian?
3. What is Thomas' job?
4. Who speaks the most languages?
5. Who is from Greece?
6. Who is a doctor? Where is he from?
7. Where is the builder from?
8. What's the name of a Russian woman?
9. What's Kristina's job?
10. Who speaks English?

5. You want to go to an international conference held in Moscow, Russia. All the participants have to fill in the registration form below:

ФИО*	
Профессия	
Страна	
Языки	

*ФИО is an abbreviation that stands for "Фамилия, Имя, Отчество". They are the three parts that make for a person's full name in Russia. If you do not have a patronymic (о́тчество), write down only your surname (фами́лия) and name (и́мя).

6. You have come to the conference and decided to attend one of the seminars. You are asked to introduce yourself. Write down what you would say to introduce yourself in Russian. Mention your name, occupation, country, nationality and the languages you speak.

Так держать! / Keep going!

Glossary / Словарь

Russian	Transliteration	English
америка́нцы, америка́нец, америка́нка	[amirikántsy, amirikánits, amirikánka]	Americans, American (m, f)
англи́йский	[anglíiskii]	English (language)
Брази́лия, f	[Brazíliya]	Brazil
брази́льцы, брази́лец, бразилья́нка	[brazíl'tsy, brazílits, brazil'yánka]	Brazilians, Brazilian (m, f)
брита́нцы, брита́нец, брита́нка	[britántsy, británits, británka]	British people, British (m, f)
Великобрита́ния, f	[Vilikabritániya]	Great Britain
врач, m	[vrach]	doctor
Вы / ты отку́да?	[Vy / ty atkúda?]	Where are you from?
Где вы рабо́таете?	[Gde vy rabótaiti?]	Where do you work? (form)
Где ты рабо́таешь?	[Gde ty rabótaish?]	Where do you work? (inf)
Герма́ния, f	[Girmániya]	Germany
гре́ки, гре́к, греча́нка	[gréki, grek, grichánka]	Greeks, Greek (m, f)
Гре́ция, f	[Grétsiya]	Greece
гре́ческий	[gréchiskii]	Greek (language)
инжене́р, m	[inzhinér]	engineer
Испа́ния, f	[Ispániya]	Spain
испа́нский	[ispánskii]	Spanish (language)
испа́нцы, испа́нец, испа́нка	[ispántsy, ispánits, ispánka]	Spanish people, Spanish (m, f)
Ита́лия, f	[Itáliya]	Italy
италья́нский	[ital'yánskii]	Italian (language)

италья́нцы, италья́нец, италья́нка	[ital'ya´ntsy, ital'ya´nits, ital'ya´nka]	Italians, Italian (m, f)
Как тебя́ (вас) зову́т?	[Kak tibya´ (vas) zavu´t?]	What is your name?
Кана́да, f	[Kana´da]	Canada
кана́дцы, кана́дец, кана́дка	[kana´ttsy, kana´dits, kana´dka]	Canadians, Canadian (m, f)
Кем вы рабо́таете?	[Kem vy rabo´taiti?]	What's your job? (form)
Кем ты рабо́таешь?	[Kem ty rabo´taish?]	What's your job? (inf)
Кита́й, m	[Kita´i]	China
кита́йский	[kita´iskii]	Chinese (language)
кита́йцы, кита́ец, китая́нка	[kita´itsy, kita´its, kitaya´nka]	Chinese people, Chinese (m, f)
Кто ты / вы по профе́ссии?	[Kto ty / vy pa prafe´sii?]	What's your profession?
Меня́ зову́т …	[Minya´ zavu´t…]	My name is …
музыка́нт, m	[muzyka´nt]	musician
национа́льность, f	[natsiana´l'nast']	nationality
не́мцы, не́мец, не́мка	[ne´mtsy, ne´mits, ne´mka]	Germans, German (m, f)
неме́цкий	[nime´tskii]	German (language)
О́чень прия́тно.	[O´chen' priya´tna]	My pleasure.
он, m	[on]	he
она́, f	[ana´]	she
оно́, n	[ano´]	it
официа́нт, официа́нтка	[afitsia´nt, afitsia´ntka]	waiter, waitress
певе́ц, певи́ца	[pive´ts, pivi´tsa]	singer (m, f)
полице́йский, m	[palitse´iskii]	policeman

португа́льский	[partuga´l'skii]	Portuguese (language)
Прия́тно познако́миться.	[Priya´tna paznako´mitsa]	Nice to meet you.
продаве́ц, продавщи́ца	[pradave´ts, pradafshchi´tsa]	salesperson (m, f)
профе́ссия, f	[prafe´siya]	profession
Ра́д познако́миться.	[Ra´d paznako´mitsa]	Glad to meet you (m)
Ра́да познако́миться.	[Ra´da paznako´mitsa]	Glad to meet you (f)
Росси́я, f	[Rasi´ya]	Russia
ру́сские, ру́сский, ру́сская	[ru´skie, ru´skii, ru´skaya]	Russians, Russian (m, f)
ру́сский	[ru´skii]	Russian (language)
страна́, f	[strana´]	country
строи́тель, m	[strai´tel']	builder
студе́нт, студе́нтка	[stude´nt, stude´ntka]	student (m, f)
США, pl / Аме́рика, f	[SeSheA] / [Ame´rika]	USA / America
то́же	[to´zhi]	too
учи́тель, учи́тельница	[uchi´til', uchi´til'nitsa]	teacher (m, f)
фото́граф, m	[fato´graf]	photographer
Фра́нция, f	[Fra´ntsiya]	France
францу́зский	[frantsu´skii]	French (language)
францу́зы, францу́з, францу́женка	[frantsu´zy, frantsu´s, frantsu´zhinka]	French people, French (m, f)
Чем вы занима́етесь?	[Chem vy zanima´it is'?]	What do you do? (form)
Чем ты занима́ешься?	[Chem ty zanima´ishsya?]	What do you do? (inf)

шве́дский	[shve´tskii]	Swedish (language)
шве́ды, шве́д, шве́дка	[shve´dy, shved, shve´dka]	Swedish people, Swedish (m, f)
Шве́ция, f	[Shve´tsiya]	Sweden
юри́ст	[yuri´st]	lawyer
Я …	[Ya …]	I'm ….
Я говорю́ по-ру́сски	[Ya gavaryu´ pa ru´ski]	I speak Russian
Я из …	[Ya iz…]	I'm from…
Я ра́да	[Ya ra´da]	I'm glad (f)
Я рад	[Ya rad]	I'm glad (m)
язы́к, m	[yezy´k]	language, tongue

4.
What is it? Who is it? / Что это? Кто это?

Read the short dialogue between a mother and her little daughter.

Ма́ма, что́ это?
[Ma´ma, cho´ eto?]
Mummy, what is this?

Э́то кни́га.
[E´ta kni´ga.]
This is a book.

Ма́ма, кто́ это?
[Ma´ma, kto´ eto?]
Mummy, who is this?

Э́то ма́льчик.
[E´ta ma´l'chik.]
This is a boy.

Ма́ма, что́ это?
[Ma´ma, cho´ eto?]
Mummy, what is this?

Э́то цвето́к.
[E´ta tsvito´k.]
This is a flower.

Ма́ма, кто́ это?
[Ma´ma, kto´ eto?]
Mummy, who is this?

Э́то пти́ца.
[E´ta pti´tsa.]
This is a bird.

1. Read the dialogue again and write the following words into the correct columns:

Мальчик, цветок, птица, книга

Что? / What?	Кто? / Who?

Did you find something surprising? If you did, what was it? Why did the girl use the question word "Кто?" (who?) when speaking about the bird?

GRAMMAR. Animate and inanimate nouns

In the Russian language all the nouns are divided into two groups: animate nouns (одушевлённые [adushivlyo´nyi]) and inanimate nouns (неодушевлённые [niadushivlyo´nyi]). Animate nouns are the nouns that indicate that the meaning of the word correlates to a living being (a human being, a profession, an animal, a literature or mythological character as well as a toy depicting a living thing). They all are referred to as "кто" (who).

The word "одушевлённый" has a root "душ" — the same root as in the word "душа´" (soul, spirit).

2. Match the words to the pictures:

кни́га	су́мка	компью́тер	моби́льный телефо́н	ру́чка	каранда́ш
стол	стул	часы́	ключи́		

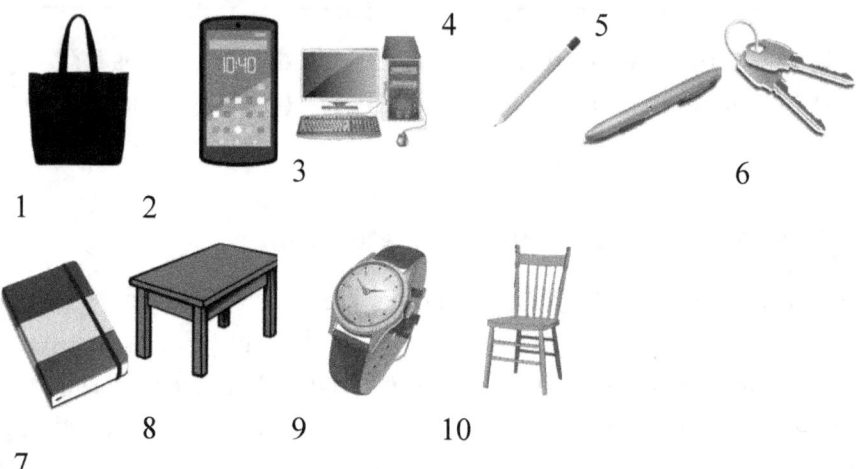

Practice asking and answering the questions: "Что́ это?" and "Кто́ это?" using the pictures and objects / animals / people around you.

Ex.

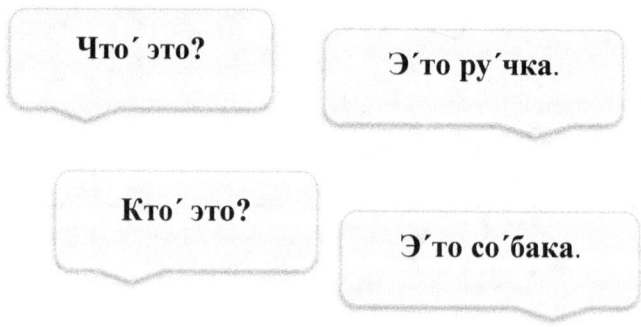

Pay attention to the pronunciation of the questions "Что́ это?" (What's this?) and "Кто́ это?" (Who's this?). The stress moves to the question words ("что́" or "кто́") leaving the second word "это" (this) unstressed. The questions are pronounced as if they consist of just one word:
- Что́ это? [chto´eto?]
- Кто́ это? [kto´eto?]

GRAMMAR. Possessive form of the personal pronoun "Я"

The possessive form of the personal pronoun "Я" will be
- "мой" [moi] (my / mine, masculine)
- "моя" [maya´] (my / mine, feminine)
- "моё" [mayo´] (my / mine, neuter)

The choice of the form depends on gender of a noun the pronoun is referring to.

Revision: Genders and endings of nouns:
- The nouns of **masculine (он)** gender usually end with a consonant or "й". There are several exceptions that end with "а" and "я".
- The nouns of **feminine (она́)** gender usually end with "а", "я" or "ия".
- The nouns of **neuter (оно́)** gender usually end with "е", "о" or "ие".

Olya (О́ля) is showing her friend Ksyusha (Ксю́ша) her family's album. Ksyusha is curious about all the people she sees on the photos so she keeps asking many "Кто это?" questions.

Кто́ э́то?
[Kto' eta]
Who is this?

Э́то мо́й па́па. Он инжене́р.
[E'ta mo'i pa'pa. On inzhine'r]
This is my dad. He is an engineer.

А кто́ э́то?
[A kto' eta]
And who is this?

Э́то моя́ ма́ма. Она́ фото́граф.
[E'ta moya' ma'ma. Ona' fato'graf.]
This is my mum. She is a photographer.

А кто́ э́то?
[A kto' eta]
And who is this?

Э́то моя́ сестра́. Она́ студе́нтка.
[E'ta moya' sistra'. Ona' stude'ntka.]
This is my sister. She is a student.

Ой, а кто́ э́то?
[O'I, a kto' eta]
Oh, and who is this?

Э́то моя́ соба́ка Ду́ся. Она́ о́чень заба́вная.
[E'ta moya' saba'ka Du'sya. Ona' o'chen' zaba'vnaya.]

3. Read the words below and divide them into three categories: "мой", "моя" and "моё". Check the words' endings to find out which genders they belong to.

па́па	брат	друг	ма́ма	сестра́	де́душка	ба́бушка	те́ло

Мой	Моя	Моё

Although the word "де́душка" [de´dushka] (grandpa) ends with "a", it is a noun of the **masculine** gender. It is one of the exceptions.

GRAMMAR. Personal pronouns "он", "она́", "оно́"

We use personal pronoun
- "он" [on] (he) to refer to objects of **masculine** gender
- "она" [ana´] (she) to refer to objects of **feminine** gender
- "оно" [ano´] (she) to refer to objects of **neuter** gender

The personal pronouns "он" and "она́" are used to refer to **people, animals** as well as various **objects**.

The personal pronoun "оно́" is used to refer to objects only.

4. Read the words and write them into the correct columns.

Кни́га, су́мка, компью́тер, телефо́н, ру́чка, каранда́ш, стол, стул, соба́ка, кот, брат, друг, сестра́, де́душка, ба́бушка, те́ло, ма́льчик, мужчи́на, же́нщина, де́вочка

Objects	Animals	People

Which categories are "кто" categories? Which category is a "что" category? Which categories are to be referred to with "он", "она́", "оно́"?

 **Exercises / Упражнения**

1. Match the parts so that they create grammatically correct sentences.

1. Э´то мой   a) де´ло.
2. Мой   b) брат – фото´граф.
3. Э´то моя´   c) окно´ чи´стое.
4. Моя´   d) друг.
5. Э´то моё   e) ба´бушка учи´тельница.
6. Моё   f) сестра´.

2. Look at the words and complete the table:

Соба´ка, су´мка, окно´, те´ло, брат, друг, же´нщина, компью´тер, де´вочка, кот, цвето´к, по´ле, пти´ца, телефо´н

Кто?	
Что?	

3. Are the following statements true or false?

a) The nouns of masculine gender usually end with "о".
   (T / F)
b) The nouns of feminine gender usually end with "а" or "я".
   (T / F)

c) The nouns of neuter gender usually end with a consonant. **(T / F)**
d) Some nouns of masculine gender end with "а" and "я". **(T / F)**
e) The personal pronouns "он" and "она́" are used to refer to people only. **(T / F)**
f) The pronoun "оно́" can be used to refer to people, animals and objects. **(T / F)**
g) All the three possessive forms of the personal pronoun "я" (мой, моя́ моё) can be used interchangeably. **(T / F)**

4. Take a picture of your family and introduce each person. If you don't have such a picture near you, have some fun and draw your family portrait on a separate piece of paper.

Here are some tips on how you can introduce your family members:
— *Это ... (моя мама).*
— *Она ... (инженер).*

Молодец! / Well done!

Glossary / Словарь

Russian	Transliteration	English
ба́бушка	[ba´bushka]	grandma
брат	[brat]	brother
де́вочка	[de´vachka]	girl
де́душка	[de´dushka]	grandpa
де́ло	[de´la]	business
друг	[druk]	friend
же́нщина	[zhe´nshchina]	woman
заба́вная	[zaba´vnaya]	funny (feminine form)
каранда́ш	[karanda´sh]	pencil
ключи́	[klyuchi´]	keys
Кни́га	[kni´ga]	book
компью́тер	[kamp'yu´tar]	computer
кот	[kot]	cat
Кто	[kto]	who
Кто́ это?	[Kto´ eto?]	Who is this?
Ма́льчик	[ma´l'chik]	boy
ма́ма	[ma´ma]	mum
моби́льный телефо́н	[mabi´l'nyi tilifo´n]	mobile phone
моё	[mayo´]	my, mine (n)
мой	[mo´i]	my, mine (m)
моя́	[maya´]	my, mine (f)
мужчи́на	[mushchi´na]	man

о´чень	[o´chin']	very
окно´	[akno´]	window
он	[on]	he
она´	[ana´]	she
оно´	[ano´]	it
па´па	[pa´pa]	dad
пти´ца	[pti´tsa]	bird
ру´чка	[ru´chka]	pen
сестра´	[sistra´]	sister
соба´ка	[saba´ka]	dog
стол	[stol]	table, desk
стул	[stul]	chair
су´мка	[su´mka]	bag
те´ло	[te´la]	body
телефо´н	[tilifo´n]	phone
цвето´к	[tsvito´k]	flower
часы´	[chisy´]	watch, clock
чи´стое	[chi´staye]	clean (neuter form)
Что	[shto]	what
Что´ э´то?	[shto´ eto?]	What is this?
Э´то кни´га.	[E´ta kni´ga.]	This is a book.
Э´то мой па´па.	[E´ta mo´I pa´pa.]	This is my dad.

5.

How old are you? / Сколько вам лет?

Learn Russian numbers / У́чим ци́фры

Numbers from 1 to 10

1	оди́н [adi´n]	6	шесть [shest']
2	два [dva]	7	семь [sem']
3	три [tri]	8	во́семь [vo´sim']
4	четы́ре [chety´ri]	9	де́вять [de´vyat']
5	пять [pyat']	10	де́сять [de´syat']

Numbers from 11 to 19

Numbers from 11 to 19 are formed in a following way: a number from 1 to 9 + "надцать" [nadtsat']. Note how the roots of some of original numbers change when forming a new number.

11	оди́ннадцать [adi´nadtsat']	14	четы́рнадцать [chety´rnadtsat']	17	семна́дцать [semna´dtsat']
12	двена́дцать [dvina´dtsat']	15	пятна́дцать [pyatna´dtsat']	18	восемна́дцать [vo´simna´dtsat']
13	трина́дцать [trina´dtsat']	16	шестна́дцать [shisna´dtsat']	19	девятна́дцать [de´vyatna´dtsat']

Numbers from 20 to 100

Numbers from **20** to **90** are formed in different ways: numbers **20** (два́дцать) and **30** (три́дцать) add "<u>дцать</u>" to 2 (два) and 3 (три), numbers **50-80** (пятьдеся́т, шестьдеся́т, се́мьдесят, во́семьдесят) add "<u>десят</u>" to 5-8 (пять, шесть, семь, во́семь). Number **90** (девяно́сто) doesn't follow any of these ways, but you still can see a root associated with 9 (де́вять) in it. Number **40** (со́рок) is an exception that neither follows any of the ways described above nor includes a root of the word "четы́ре" (4).

20	два́дцать [dva´dtsat']
30	три́дцать [tri´dtsat']
40	со́рок [so´rak]
50	пятьдеся́т [pit'desya´t]
60	шестьдеся́т [shist'desya´t]
70	се́мьдесят [se´m'disyat]
80	во́семьдесят [vo´sim'disyat]
90	девяно́сто [divyano´sta]
100	сто [sto]

2 and 3 + "дцать"

5-8 + "десят"

Other numbers in the 20 to 100 range

To say other numbers in this range in Russian you will need the numbers from the previous group (20, 30 40, 50, 60, 70, 80, 90) and the numbers from the group 1 to 9.

21	два́дцать оди́н [dva´dtsat' adi´n]	54	пятьдеся́т четы́ре [pit'desya´t chity´ri]	87	во́семьдесят семь [vo´sim'disyat sem']
32	три́дцать два́ [tri´dtsat' dva´]	65	шестьдеся́т пять [shist'desya´t pyat']	98	девяно́сто во́семь [divyano´sta vo´sim']
43	со́рок три [so´rak tri]	76	семьдеся́т шесть [sem'desya´t shest']	29	два́дцать де́вять [dva´dtsat' de´vit']

Some other big numbers

thousand	ты́сяча [ty´sicha]
million	миллио́н [milio´n]
billion	миллиа́рд [milia´rt]

How old are you? / Ско́лько вам ле́т?

Now that you have learned how to say various numbers in Russian, let's see how to find out how old another person is and tell your age.

Don't forget that we are to use different you's (informal "ты", formal / polite "вы") depending on our relationships with the person we are talking to.

Informal:

- Finding out the age:

Ско́лько тебе́ лет?   [Sko´l'ka tibe´ let?]   How old are you?

- Telling your age (both formal and informal):

Мне́ ... (лет)   [Mne ... (let)]   I'm ... (years old)

Formal / Polite:

- Finding out the age:

Ско́лько вам лет?   [Sko´l'ka vam let?]   How old are you?

It can be considered impolite to ask a Russian woman how old she is. So it's better to avoid this question in private, informal talks with the women with whom you are not close enough.

1. Please read the dialogue below:

Здра́вствуйте! Как ва́ше по́лное и́мя?
[Zdra´stvuiti! Kak va´she po´lnoe i´mya?]
Hello! What's your full name?

Ивано́ва Мари́я Ники́товна
[Ivano´va Mari´ya Niki´tavna]
Ivanova Maria Nikitovna

Мари́я Ники́товна, ско́лько вам лет?
[Mari´ya Niki´tavna, sko´l'ka vam let?]
Maria Nikitovna, how old are you?

Мне три́дцать (30) лет.
[Mne tri´tsat' (30) let.]
I'm thirty (30) years old.

Will it be impolite to ask the woman about her age in this situation? Why or why not? Is this dialogue formal or informal? What makes you think so? Where could it take place?

Льюґис (Louise) and Маргариґта (Margarita) have just met at an international student camp and want to get to know each other. Write a short dialogue between them using the information below:

Льюґис	Странаґ: Португаґлия Национаґльность: Португаґлец Воґзраст: 26 лет Языки: Португаґльский, англиґйский, руґсский
Маргариґта	Странаґ: Украиґна Национаґльность: Украиґнка Воґзраст: 23 гоґда Языки: Украиґнский, руґсский

Have a look at Margarita's age again. It is "23 гоґда". Doesn't it seem odd to you?

Talking about a person's age or any period of time we often use the word "лет", which has a common root with the word "леґто" [leґta] (summer). But with some ages / time periods we should use the words "год" [got] and "гоґда" [goґda] instead:
- If the **age / period** ends with "**1**", we use "год" → 1 год, 21 год, 31 год, 41 год... 101 год, etc. Exception: 11 → 11 лет
- If the **age / period** ends with "**2**", "**3**", "**4**", we use "гоґда" → 2 гоґда, 3 гоґда, 4 гоґда, 23 гоґда, 34 гоґда, 42 гоґда, etc.

Exception: 12, 13, 14 → 12 лет, 13 лет, 14 лет.

Ex.

Ско́лько вам лет?
[Sko´l'ka vam let?]
How old are you?

Мне два́дцать оди́н год.
[Mne dva´tsat' adi´n god.]
I'm twenty-one years old.

Мне три го́да.
[Mne tri go´da.]
I'm three years old.

Мне со́рок шесть лет.
[Mne so´rak shest' let.]
I'm fourty-six years old.

 **Exercises / Упражнения**

1. Write how you say this numbers in Russian.

99		11	
21		63	
15		82	
37		30	
6		100	
54		46	

2. Read and write the numbers.

двадцать семь		шестьдесят	
сорок шесть		тридцать восемь	
четыре		сто три	
девяносто два		пятьдесят семь	
восемьдесят один		двадцать	
шестнадцать		две тысячи	

3. Look at the numbers and words and write them in the correct columns.

одиннадцать   *15*   *семьдесят три*   *сорок два*

13   *тридцать один*   *26*   *девяносто четыре*

двадцать один   *99*   *пятьдесят пять*   *61*

Мне ... лет	Мне ... год	Мне ... го́да

4. Read this short text and answer the questions.

Здра́вствуйте! Меня́ зову́т Ре́йчел. Я америка́нка. Мне два́дцать семь. Я журнали́ст. Я говорю́ по-англи́йски и по-испа́нски.

1. Отку́да Ре́йчел?
2. Ско́лько Ре́йчел лет?
3. Кто Ре́йчел по профе́ссии?
4. Ско́лько языко́в зна́ет Ре́йчел?
5. Ре́йчел говори́т по-ру́сски?
(answer: "**Да**" / Yes or "**Нет**" / No).

Здорово! / Great!

Glossary / Словарь

Russian	Transliteration	English
оди́н	[adi´n]	one
два	[dva]	two
три	[tri]	three
четы́ре	[chity´ri]	four
пять	[pyat']	five
шесть	[shest']	six
семь	[sem']	seven
во́семь	[vo´sim']	eight
де́вять	[de´vit']	nine
де́сять	[de´sit']	ten
оди́ннадцать	[adi´natsat']	eleven
двена́дцать	[dvina´tsat']	twelve
трина́дцать	[trina´tsat']	thirteen
четы́рнадцать	[chity´rnatsat']	fourteen
пятна́дцать	[pitna´tsat']	fifteen
шестна́дцать	[shisna´tsat']	sixteen
семна́дцать	[simna´tsat']	seventeen
восемна́дцать	[vasimna´tsat']	eighteen
девятна́дцать	[divitna´tsat']	nineteen
два́дцать	[dva´tsat']	twenty
три́дцать	[tri´tsat']	thirty
со́рок	[so´rak]	forty
пятьдеся́т	[pit'disya´t]	fifty
шестьдеся́т	[shisdisya´t]	sixty
се́мьдесят	[se´m'disyat]	seventy
во́семьдесят	[vo´sim'disyat]	eighty
девяно́сто	[divino´sta]	ninety
сто	[sto]	one hundred
ты́сяча	[ty´sicha]	one thousand
миллио́н	[milio´n]	one million
миллиа́рд	[milia´rt]	one billion

Ско́лько тебе́ / вам лет?	[sko´l'ka tibye´ / vam let?]	How old are you?
Мне .... лет	[Mne ... let]	I'm ... years old
Мне .... год	[Mne ... got]]	I'm ... years old *(ending with "1" except for "11")*
Мне .... го́да	[Mne ... go´da]	I'm ... years old *(ending with "2", "3", "4" except for "12", "13", "14")*
во́зраст	[vo´zrast]	age
Португа́лия	[Partuga´liya]	Portugal
Украи́на	[Ukrai´na]	Ukraine
по́лное и́мя	[Po´lnaye i´mya]	full name
Как твоё / ва́ше по́лное и́мя?	[Kak tvayo´ / va´she po´lnaye i´mya?]	What is your full name?
Да	[da]	yes
Нет	[net]	no
зна́ть	[znat']	to know
Я зна́ю англи́йский	[Ya zna´yu angli´iskii]	I know English = I speak English
Он / Она́ зна́ет англи́йский	[On / Ana´ zna´yet angli´iskii]	He / She knows English = He / She speaks English
говори́ть	[gavari´t']	to speak, to tell
Он / Она́ говори́т по-ру́сски	[On / Ana´ gavari´t pa-ru´ski]	He / She speaks Russian

6.

I have got oranges
/ У меня есть апельсины

Read the following words. Pay attention to your pronunciation.

| я́блоко | помидо́р | гру́ша | кукуру́за | сли́ва | лимо́н |
| апельси́н | огуре́ц | ты́ква | бана́н | пе́рец | капу́ста |

1. Read the words one more time and complete the table:

О́вощи	Фру́кты

Read the short dialogue below.

Ма́ма, я голо́дный.
[Ma´ma, ya galo´dnyi.]
Mum, I am hungry.

У меня́ есть я́блоки и апельси́ны. Хо́чешь?
[U minya´yest' ya´blaki I apil'si´ny. Kho´chish?]
I have got apples and oranges. Want some?

Дай я́блоко, пожа́луйста.
[Dai ya´blaka, pazha´lasta.]
Give me an apple, please.

Вот, держи.
[Vot, dirzhi´.]
Here you are.

Спаси́бо!
[Spasi´ba.]
Thank you.

Пожа́луйста!
[Pazha´lasta.]
You are welcome.

Look carefully at the words "**я́блоки**" and "**апельси́ны**". Do they look exactly the same as the words you read at the very beginning of this module? Similar, but not the same, right? They are **plural** forms of the words "**я́блоко**" and "**апельси́н**".

GRAMMAR. The plurals

Formation of plurals in the Russian language is more complicated compared to English. If in the English language all you need is to add "-s" to the end of a word (there are some exceptions, though), in Russian they use many more "plural" endings.

To make a plural form of a noun, we do the following:

- If a noun belongs to the **masculine** gender, we usually add "и" (if a word ends with "г", "ж", "к", "х", "ш", "щ") or "ы" (in other cases) to the end of a noun. For example:
  - лимо́н (m) → лимо́ны
  - помидо́р (m) → помидо́ры
  - флаг (m) → фла́ги
- If a noun belongs to the **feminine** gender, the final "a" usually turns into "ы", and the final "я" turns into "и". For example:
  - кукуру́за (f) → кукуру́зы
  - ты́ква (f) → ты́квы
  - фами́лия (f) → фами́лии
- If a noun belongs to the **neuter** gender, the final "o" usually turns into "a", and the final "e" turns into "я". Note that often nouns in plural are stressed differently compared to their singular forms. For example:
  - окно́ (n) → о́кна
  - письмо́ (n) → пи́сьма
  - мо́ре (n) → моря́

Note that the word "я́блоко" is an exception. It belongs to the neuter gender, but doesn't form its plural form as described above. In plural it'll be "я́блоки".

Also **remember** that there are words that are **always plural**! For example: **де́ньги** [de´n'gi] (money), **очки́** [achki´] (glasses), **штаны́** [shtany´] (pants), etc.

Look at the plural forms of the nouns from the beginning of this module:

о́вощ (m)	о́вощ**и***	кукуру́за (f)	кукуру́зы
фрукт (m)	фру́кт**ы**	я́блоко (n)	я́блоки
капу́ста (f)	капу́ст**ы**	помидо́р (m)	помидо́ры
бана́н (m)	бана́н**ы**	огуре́ц (m)	огурцы́
сли́ва (f)	сли́в**ы**	ты́ква (f)	ты́квы
гру́ша (f)	гру́ш**и***	лимо́н (m)	лимо́ны
огуре́ц (m)	огурцы́	пе́рец (m)	пе́рцы

The letters "ш", "ж", "ч" and "щ" are NEVER followed by "ы", ONLY by "и".

Here are some more vegetables, fruit and other food words:

морко́вь	кабачо́к	мандари́н	виногра́д	хлеб	сыр
свёкла	анана́с	карто́шка	я́года	оре́х	суп

2. Write the missing plural forms of the nouns:

Морко́вь, (f)	морко́ви	Виногра́д, (m)	
Свёкла, (f)		Я́года, (f)	
Кабачо́к, (m)	кабачки́	Хлеб, (m)	хле́бы
Анана́с, (m)		Оре́х, (m)	
Мандари́н, (m)		Сыр, (m)	сыры́
Карто́шка, (f)		Суп, (m)	
Мо́ре, (n)	моря́	Блю́до, (n)	
О́блако, (n)		Де́ло, (n)	

Read the short poem below. Try to find all plurals.

Я люблю́ фру́кты:
Анана́сы и сли́вы,
Гру́ши, бана́ны, мандари́ны и ки́ви,
Я́блоки, ла́ймы и виногра́д —
Всё это съе́сть я всегда́ о́чень рад.

Do you like eating fruit? What fruit is your favorite? Answer the question using "Я люблю́ + fruit in plural". For example: "Я люблю́ апельси́ны".

Give me an apple, please / Да́йте мне я́блоко, пожа́луйста

In the short dialogue above you could see a few polite phrases that you can use either to ask other person to give you something or to thank him or her for help. Now let's have a look at these phrases in detail.

Informal:

- **ASKING FOR SOMETHING:**

Дай мне, пожа́луйста, (я́блоко).	[Dai mne, pazha´lasta, (ya´blaka)]	Give me an apple, please.

- **GIVING SOMETHING:**

Вот, возьми́.	[Vot, vaz'mi´]	
Вот, держи́. *or simply*	[Vot, dirzhi´]	Here you are
(Вот) пожалуйста.	[(Vot) pazha´lasta]	

Formal / Polite:

- ASKING FOR SOMETHING:

| Да́йте мне, пожа́луйста, (я́блоко). | [Da´iti mne, pazha´lasta, (ya´blaka)] | Give me an apple, please. |

"Дай мне" and "Да́йте мне" are followed by a noun in *accusative* case:
- Дайте мне, пожалуйста, гру́шу (f, гру́ша → гру́шу).
- Дай мне, пожалуйста, лимо́н (m, "лимо́н" in **nom.** = "лимо́н" in **acc.**)

- GIVING SOMETHING:

Вот, возьми́те́.	[Vot, vaz'mi´ti]	
Вот, держи́те́.	[Vot, dirzhi´ti]	Here you are
or simply		
(Вот) пожалуйста.	[(Vot) pazha´lasta]	

- THANKING (BOTH INFORMAL AND FORMAL):

| Спаси́бо. | [Spasi´ba] | Thank you. |
| Большо́е спаси́бо. | [Bal'sho´ye spasi´ba] | Thank you very much |

- ANSWERING TO A THANK YOU (BOTH INFORMAL AND FORMAL):

Пожа́луйста.	[Pazha´lasta]	You're welcome.
Не за что.	[Ne´ za shto]	Not at all
Рад(-а) помочь.	[Rad(-a) pamo´ch]	Glad to help
На здоро́вье.*	[Na zdaro´v'ye]	You're welcome

*"На здоро́вье" is rather informal. Its literal translation would be "hope it will bring you health".

GRAMMAR. Have you got …? / У тебя́ (вас) есть …?

To ask if another person has got something you can ask: "**У тебя́ / вас** (for polite / plural) **есть**" + a **noun** in **nominative** case. For example:

- **У тебя́ (вас) есть апельси́н?** [U tibya´ (vas) yest' apil'si´n?] Have you got an orange?
- **У тебя́ (вас) есть сёстры?** [U tibya´ (vas) yest' syo´stry?] Have you got sisters?

To say that you have got something you can use the phrase "**У меня́ есть** [U minya´ yest']" + **noun** in **nominative** case. For example:

- **У меня́ есть апельси́н** [U minya´ yest' apil'si´n] I have got an orange
- **У меня́ есть сестра́** [U minya´ yest' sistra´] I have got a sister

Read this short dialogue between a salesman and a customer at a street market:

Здра́вствуйте! У вас е́сть о́вощи?
[Zdra′stvuiti! U vas yest' o′vashchi?]
Hello! Have you got vegetables?

Да. У меня е́сть о́вощи. У меня е́сть огурцы́, карто́шка, морко́вь, капуста.
[Da. U minya ye′st' o′vashchi. U minya ye′st' agurtsy′, karto′shka, marko′f', kapu′sta.]
Yes. I have got vegetables. I have got cucumbers, potatoes, carrots, cabbage.

А у вас е́сть помидо́ры?
[A u vas yest' pamido′ry?]
And have you got tomatoes?

Да. У меня́ есть помидо́ры.
[Da. U minya′ yest' pamido′ry.]
Yes. I have got tomatoes.

Have a look at the sentence **"У меня е́сть огурцы́, карто́шка, морко́вь, капу́ста"**. The words "карто́шка", "морко́вь" and "капу́ста" are used in singular forms, although the salesman doesn't mean that he is selling just one potato, one carrot and one cabbage. The thing is that in Russian these words are rarely used in plural when we refer to these vegetables in general. The plural forms will be used when you say something like: "Дай мне три карто́шки" (Give me three potatoes) or "Оста́лось то́лько две морко́ви" (There are only two carrots left), etc.

Now you can have some practice with the following exercises. Feel free to refer to the module's contents if needed.

 **Exercises / Упражнения**

1. Match the Russian words with their English translations:

1. Виногра́д   a) Cabbage
2. Лимо́н   b) Plum
3. Анана́с   c) Lemon
4. Мандари́н   d) Cucumber
5. Карто́шка   e) Pepper
6. Оре́х   f) Pineapple
7. Капу́ста   g) Potato
8. Огуре́ц   h) Tangerine
9. Пе́рец   i) Grape
10. Сли́ва   j) Nut

2. Write plural forms of the nouns below:

Докуме́нт, m		Гру́ша, f	
О́блако, n		О́вощ, m	
Ма́ма, f		Вра́ч, m	
Письмо́, n		Яйцо́, n	
Де́вочка, f		Студе́нт, m	
Журнали́ст, m		Огуре́ц, m	

3. Put the sentences into the correct order to make a dialogue.

Вот, держи́.	
Да. У меня е́сть ру́чка.	
Дай мне, пожа́луйста.	
Пожа́луйста!	
Приве́т! У тебя́ есть ру́чка?	
Спаси́бо большо́е!	

4. Draw a fruit basket with some fruit and vegetables in it. Now, using Russian, write down or speak out what you have got in your fruit basket. Start each sentence with "У меня́ есть…"

Отлично! / Excellent!

Glossary / Словарь

Russian	Transliteration	English
анана́с, (m)	[anana´s]	pineapple
апельси́н, (m)	[apil'si´n]	orange
бана́н, (m)	[bana´n]	banana
Большо́е спаси́бо	[Bal'sho´ye spasi´ba]	Thank you very much
виногра́д, (m)	[vinagra´t]	grape
Вот, возьми́(-те)	[Vot, vaz'mi´(-ti)]	Here you are
Вот, держи́(-те)	[Vot, dirzhi´(-ti)]	Here you are
голо́дный	[galo´dnyi]	hungry
гру́ша, (f)	[gru´sha]	pear
Да́й(-те), пожа́луйста, …	[Da´i(-ti), pazha´lasta, …]	Give me please …
кабачо́к, (m)	[kabacho´k]	zucchini
капу́ста, (f)	[kapu´sta]	cabbage
карто́шка, (f)	[karto´shka]	potato
киви, (m)	[ki´vi]	kiwi
кукуру́за, (f)	[kukuru´za]	corn
лайм, (m)	[la´im]	lime
лимо́н, (m)	[limo´n]	lemon
мандари́н, (m)	[mandari´n]	tangerine
мо́ре, (n)	[mo´ri]	sea
морко́вь, (f)	[marko´f']	carrot
На здоро́вье	[Na zdaro´v'ye]	You are welcome
Не́ за что	[Ne´ za shto]	Not at all

о´вощ, (m)	[o´vashch]	vegetable
огуре´ц, (m)	[agure´ts]	cucumber
орех, (m)	[are´kh]	nut
пе´рец, (m)	[pe´rits]	pepper
письмо´, (n)	[pis'mo´]	letter
Пожа´луйста	[Pazha´lasta]	Please *(request)* You are welcome *(answer to a thank you)*
помидо´р, (m)	[pamido´r]	tomato
Ра´д(-а) помо´чь	[Ra´d(-a) pamo´ch]	Glad to help
свёкла, (f)	[svyo´kla]	beet root
сли´ва, (f)	[sli´va]	plum
Спаси´бо	[Spasi´ba]	Thank you
суп, (m)	[sup]	soup
сыр, (m)	[syr]	cheese
ты´ква, (f)	[ty´kpva]	pumpkin
У меня´ есть …	[U minya´ yest' …]	I have got …
У тебя´ есть…?	[U tibya´ yest' …?]	Have you got …
фла´г, (m)	[fla´g]	flag
фрукт, (m)	[frukt]	fruit
хлеб, (m)	[khleb]	bread
Я люблю´ (гру´ши)	[Ya lyublyu´ (gru´shi)]	I like (pears)
я´блоко, (n)	[ya´blaka]	apple
я´года, (f)	[ya´gada]	berry

7.

I have not got any pears
/ У меня́ нет груш

To say that you have not got something you can use the phrase "У меня́ нет [U minya´ nyet]" + **noun** in **genitive** case. For example:

- **У меня́ нет груш** [U minya´ nyet grush] I have not got pears
- **У меня́ нет сестры́** [U minya´ nyet sistry´] I have not got a sister

1. Read the example dialogue below. Pay attention to how the nouns change when they are put into genitive case (in negative answers).

> **Приве́т! У тебя́ е́сть помидо́ры?**
> [Prive´t! U tibya´ yest' pamido´ry?]
> Hi! Have you got tomatoes?

> **Нет. У меня́ нет капу́сты.**
> [Nyet. U minya´nyet kapu´sty.]
> No. I have not got cabbage.

> **У тебя́ е́сть капу́ста?**
> [U tibya´ yest' kapu´sta?]
> Have you got cabbage?

> Нет. У меня́ нет помидо́ров.
> [Nyet. U minya´nyet pamido´raf.]
> No. I have not got tomatoes.

> У тебя́ е́сть пе́рцы?
> [U tibya´ yest' pe´rtsy?]
> Have you got peppers?

> Нет. У меня́ нет пе́рцев.
> [Nyet. U minya´nyet pe´rtsyv.]
> No. I have not got peppers.

> У тебя́ е́сть лук?
> [U tibya´ yest' luk?]
> Have you got onion?

> Нет. У меня́ нет лу́ка.
> [Nyet. U minya´nyet lu´ka.]
> No. I have not got onions.

> У тебя́ е́сть кукуру́за?
> [U tibya´ yest' kukuru´za?]
> Have you got corn?

> Да. У меня́ есть кукуру́за.
> [Da. U minya´yest' kukuru´za.]
> Yes. I have got corn.

Read the dialogue again and underline all nouns in genitive case. Are they singular or plural? Which gender do they belong to?

GRAMMAR. Genitive case

The nouns in the genitive case answer the questions *"Without whom? / Without what? / How many? / From where? / Whose?"*

SINGULARS

- If a noun belongs to the **feminine** gender and is singular, the final "**а**" usually turns into "**ы**", and the final "**я**" turns into "**и**". For example:
    — кукуру́за (f) → кукуру́зы (У меня́ нет кукуру́зы / I haven't got corn)
    — ты́ква (f) → ты́квы (У меня́ нет ты́квы / I haven't got a pumpkin)
    — фами́лия (f) → фами́лии (У меня́ нет фами́лии / I haven't got a surname)

IN SHORT: "а" at the end → "ы"
"а" after г, к, х, ж, ч, ш, щ → "ы" "и"
"я", "ь" at the end → "и"

The form of a noun of the feminine gender in singular number and genitive case is the same as its form in plural number and nominative case.

- When in singular number, the nouns of the **masculine** gender in genitive case usually end with "**а**" or "**я**". For example:

    — лимо́н, m → лимо́н**а** (У меня́ нет лимо́на / I haven't got a lemon)

    — помидо́р, m → помидо́р**а** (У меня́ нет помидо́ра / I haven't got a tomato)

    — флаг, m → фла́г**а** (У меня́ нет фла́га / I haven't got a flag)

    — чай, m → ча́**я** (У меня́ нет ча́я / I haven't got tea)

NOTE: If a noun of the **masculine** gender ends with "**а**" or "**я**", it forms its genitive case form as nouns of the **feminine** gender.

IN SHORT: a consonant at the end → the consonant + "а"
"ь", "й" at the end → "я"
"а", "я" at the end → see feminine

- If a noun belongs to the **neuter** gender and is singular, its form in singular number and genitive case is often similar to its form in plural and nominative: the final "**о**" usually turns into "**а**", and the final "**е**" turns into "**я**", but they are often differently stressed. For example:

    — окно́ (nom, sg) → о́кн**а** (nom, pl) → окн**а́** (gen, sg) (У меня́ нет окна́ / I haven't got a window)

— письмо́ (nom, sg) → пи́сьма (nom, pl) → письма́ (gen, sg)

(У меня́ нет письма́ / I haven't got a letter)

— зда́ние (nom, sg) → зда́ния (nom, pl) → зда́ния (gen, sg)

(У меня́ нет зда́ния / I haven't got a building)

IN SHORT: "о" at the end → "а"
"е" at the end → "я"

PLURALS

- If a noun belongs to the **masculine** gender and is plural:
  — In the nouns that in singular number and nominative case end with a hard consonant (except for "ц", "ш", "ж") we add "ов" to that consonant:
    - лимо́н. m → лимо́нов (У меня нет лимо́нов / I haven't got lemons)
    - помидо́р, m → помидо́ров (У меня нет помидо́ров / I haven't got tomatoes)
    - флаг, m → фла́гов (У меня нет фла́гов / I haven't got flags)
  — In the nouns that in singular number and nominative case end with "й" we replace "й" with "ев":
    - музе́й, m → музе́ев (У меня нет музе́ев / I haven't got museums)
  — In the nouns that in singular number and nominative case end with "ж", "ш", "ч", "щ", "ь" we add "ей" (in this case "ь" is replaced with the new ending):

- каранда́ш, m → карандаше́й (У меня нет карандаше́й / I haven't got pencils)
- ру́бль, m → рубле́й (У меня нет рубле́й / I haven't got rubles)

IN SHORT:
A hard consonant at the end (except for "ц", "ш", "ж") → the consonant + ов
"ц" at the end → "ц" + ов/ев
"й" at the end → ев
"ж", "ч", "ш", "щ" at the end → the consonants + ей
"ь" at the end → ей

- If a noun belongs to the **feminine** gender and is plural:
  — In the nouns that in singular number and nominative case end with "**а**" or "**о**" we omit the final vowel:
    - кукуру́за (nom, sg) → кукуру́зы (nom, pl) → кукуру́з (gen, pl)
      (У меня нет кукуру́з / I haven't got any corns)
    - ты́ква (nom, sg) → ты́квы (nom, pl) → ты́кв (gen, pl)
      (У меня нет тыкв / I haven't got any pumpkins)
  — In the nouns that in singular number and nominative case end with "**я**" (but NOT "**ия**") we replace "**я**" with "**ь**":
    - тётя (nom, sg) → тёти (nom, pl) → тёть (gen, pl)

(У меня нет тёть / I haven't got aunts)
— In the nouns that in singular number and nominative case end with "**ия**" we replace it with "**ий**":
- фами́лия (nom, sg) → фами́лии (nom, pl) → фами́лий (gen, pl)

  (У меня нет фами́лий / I haven't got any surnames)

IN SHORT: "**a**", "**o**" at the end → omit them
"**я**" at the end (BUT not "**ия**") → "**ь**"
"**ия**" at the end → "**ий**"

- If a noun belongs to the **neuter** case and is plural:
  — In the nouns that in singular number and nominative case end with "**e**" (but NOT "**ие**") we replace "**e**" with "**ей**":
  - мо́ре (nom, sg) → моря́ (nom, pl) → море́й (gen, pl)

    (У меня́ нет море́й / I haven't got any seas)

  — In the nouns that in singular number and nominative case end with "**ие**" we replace it with "**ий**":
  - зда́ние (nom, sg) → зда́ния (nom, pl) → зда́ний (gen, pl)

    (У меня́ нет зда́ний / I haven't got any buildings)

  — In the nouns that in singular number and nominative case end with "**o**", we sometimes need to add "**o**" or "**e**" to the word's root, or omit the final "**o**":

- письмо́ (nom, sg) → пи́сьма (nom, pl) → пи́сем (gen, pl)
  (У меня́ нет пи́сем / I haven't got any letters)
- окно́ (nom, sg) → о́кна (nom, pl) → о́кон (gen, pl)
  (У меня́ нет о́кон / I haven't got any windows)
- де́ло (nom, sg) → дела́ (nom, pl) → дел (gen, pl)
  (У меня́ нет дел / I haven't got any things to do)
- те́ло (nom, sg) → тела́ (nom, pl) → тел (gen, pl)
  (У меня́ нет тел / I haven't got any bodies)

IN SHORT: "е" at the end (BUT not "ие") → "ей"
"ие" at the end → "ий"
"о" at the end → add "о"/ "е"
to the root or omit the final "о"

2. Write genitive case forms for the nouns below. Use the grammar section above for reference.

де́душка, m		поля́, n (plural)	
стол, m		телефо́н, m	
ру́чка, f		учителя́, m (plural)	
фами́лии, f (plural)		анана́сы, m (plural)	
су́мка, f		карто́шка, f	
окно́, n		мо́ре, n	

NUMERALS AND GENITIVE CASE

Compare the two sentences below:

У меня́ есть я́блоки   *and*   У меня́ есть пять я́блок

When you say "**У меня́ есть**" + **noun**, you put the noun into the **nominative** case, but if you say "**У меня́ есть**" + **number** (except for the numbers ending with "1") + **noun**, you put the noun into the **genitive** case:

- After a number ending with "**1**" (except for "11") goes a noun in **singular** number and **nominative** case:

    — У меня́ есть одна́ ру́чк**а** [U minya' ye'st' adna' ru'chka] I have got one pen.

- After a number ending with "**2**", "**3**", "**4**" (except for "12", "13", "14") goes a noun in **singular** number and **genitive** case:

    — У меня́ есть две ру́чк**и** [U minya' ye'st' dve ru'chki] I have got two pens.

- After all **other** numbers goes a noun in **plural** number and **genitive** case

    — У меня́ есть пять ру́ч**ек** [U minya' ye'st' pya't' ru'chik] I have got five pens.

There is a bed in my room / В мое́й ко́мнате есть крова́ть

3. Match the words to their English definitions:

1. дива́н, m
2. крова́ть, f
3. две́рь, f
4. шка́ф, m
5. карти́на, f
6. ко́мната, f
7. кре́сло, n
8. ла́мпа, f
9. телеви́зор, m
10. зе́ркало, n
11. ва́за, f
12. по́лка, f

a) a large comfortable seat for more than one person
b) a piece of equipment, with a screen on the front, used for watching programs
c) a piece of equipment that produces light
d) a piece of glass with a shiny metallic material on one side that produces an image of anything that is in front of it
e) a comfortable chair with sides that support your arms
f) the part of a building, room, vehicle, or piece of furniture that you open or close to get inside it or out of it
g) a container that you put flowers in
h) a flat, horizontal board used to put things on, often fixed to a wall or inside a cupboard
i) a piece of furniture that you sleep on
j) a large cupboard for keeping clothes in
k) a drawing, painting, or photograph of something or someone
l) a part of the inside of a building, which is separated from other parts by walls, floors, and ceilings

4. Complete the table.

Singular, nom (У меня́ есть ~)	Singular, gen (У меня́ нет ~)	Plural, nom (У меня́ есть ~)	Plural, gen (У меня́ нет ~)
1. дива́н, m	дива́на	дива́ны	дива́нов
2. крова́ть, f			
3. две́рь, f	двери́	две́ри	
4. шка́ф, m			
5. карти́на, f			
6. ко́мната, f			
7. кре́сло, n			кре́сел
8. ла́мпа, f			
9. телеви́зор, m	телеви́зора		
10. зе́ркало, n			
11. ва́за, f			
12. по́лка, f			по́лок

5. Three people from different countries are describing their rooms. Read the short texts below, find and underline all nouns in genitive case.

1. Приве́т! Меня́ зову́т Ма́ша. Я из Росси́и. Мне четы́рнадцать лет. Э́то моя́ ко́мната. У меня́ в ко́мнате есть крова́ть, окно́, стол, шкаф, телеви́зор и дверь. Но у меня́ нет ва́зы, ла́мпы, цвето́в, карти́н, кре́сла, дива́на и по́лки для кни́г.

2. Приве́т! Меня́ зову́т Ма́рк. Я из Герма́нии. Мне два́дцать пять. Э́то моя́ ко́мната. Моя́ ко́мната ма́ленькая. В мое́й ко́мнате есть стол, стул, компью́тер и крова́ть. Но в моей комнате нет шка́фов, дива́нов и карти́н,

3. Приве́т! Я Э́льза. Я из Испа́нии. Мне три́дцать два го́да. Я худо́жник. В мое́й ко́мнате мно́го карти́н и книг. Есть большо́й стол, крова́ть и большо́е окно́. Но у меня́ в ко́мнате нет компью́тера, телеви́зора и телефо́на.

6. Look at the four lists below. Match the texts to the lists. There is one list that doesn't match any text. All the nouns are written in nominative case.

	a		b		c		d
	У меня в комнате		У меня в комнате		У меня в комнате		У меня в комнате
+	Стол Стул Компьютер Кровать	+	Компьютер Телевизор Телефон	+	Кровать Окно Стол Телевизор Дверь	+	Стол Кровать Окно Картины Книги
-	Картины Диваны Шкаф	-	Картины Книги Стол Кровать Окно	-	Ваза Лампа Цветы Полки	-	Компьютер Телевизор Телефон

Try to reproduce the texts using the table. Start with "У Ма́ши / Ма́рка / Э́льзы в ко́мнате есть + *nominative* / нет + *genitive*"

In the phrases "У Ма́ш**и** / У Ма́рк**а** / У Э́льз**ы**", the names are also in genitive case.

When we want to say that there is something somewhere or somebody has got something we use the word "**есть**": В ко́мнате **есть** стул / У па́пы **есть** маши́на.

When we want to say that there isn't something or somebody has not got something we use the word "**нет**". In this case the noun that goes after it takes its genitive case form: В ко́мнате **нет** стул**а** / У па́пы **нет** маши́н**ы**.

Now you can have some practice with the exercises below. Feel free to refer to the module's contents in needed.

 **Exercises / Упражнения**

1. Write the genitive forms of the nouns below.

1. Докуме́нт, m
2. Доро́га, f
3. Кварти́ра, f
4. Компью́тер, m
5. Шарф, m
6. Сте́ны, f (plural)
7. Рестора́н, m
8. Пла́тье, n
9. Календари́, m (plural)
10. Блю́да, n (plural)

2. Rewrite the sentences making the positive statements negative and vice versa. Remember to put the nouns into correct forms (nominative or genitive cases).

Ex.: У меня́ нет дива́на → У меня́ есть дива́н.

1. У меня́ нет апельси́нов →
2. У меня́ есть помидо́ры →
3. У меня́ нет по́лок →
4. У меня́ есть телеви́зоры →
5. У меня́ нет телефо́на →
6. У меня́ есть огурцы́ →
7. У меня́ нет докуме́нтов →
8. У меня́ есть оре́хи →
9. У меня́ нет карто́шки →
10. У меня́ есть зе́ркало →

3. Write "number + noun" phrases

Ex.: 10 + апельси́н → де́сять апельси́нов

2 + ба́бушка		11 + су́мка	
12 + гру́ша		25 + соба́ка	
35 + дива́н		93 + мужчи́на	
3 + крова́ть		13 + окно́	
29 + зе́ркало		7 + фами́лия	
40 + кукуру́за		6 + мо́ре	
64 + помидо́р		19 + пла́тье	

4. Write down what you have got and what you have not got in your room. If you have a partner, practice asking and answering questions: "У тебя есть…?" "Да, у меня есть…" / "Нет, у меня нет …"

Очень хорошо! / Very good!

Glossary / Словарь

Russian	Transliteration	English
(У меня́) в ко́мнате есть + *noun in nominative*	[(U minya´) f ko´mnati yest' + …]	(In my room) there is/are …
(У меня́) в ко́мнате нет + *noun in genitive*	[(U minya´ f ko´mnati nyet + …]	(In my room) there is / are not …
больша́я (крова́ть) *adj, f*	[bal'sha´ya (krava´t')]	big (room)
большо́е (окно́) *adj, n*	[bal'sho´ye (akno´)]	big (window)
большо́й (стол) *adj, m*	[bal'sho´I (stol)]	big (table)
ва́за, f	[va´za]	vase
дверь, f	[dve´r']	door
дива́н, m	[diva´n]	sofa
зда́ние, n	[zda´niye]	building
зе́ркало, n	[ze´rkala]	mirror
карти́на, f	[karti´na]	picture
ко́мната, f	[ko´mnata]	room
кре́сло, n	[kre´sla]	armchair
крова́ть, f	[krava´t']	bed
ла́мпа, f	[la´mpa]	lamp
лук, m	[luk]	onion
Ма́ленькая (ко́мната) *adj, f*	[ma´lin'kaya (ko´mnata)]	small, little (room)

Ма́ленький (стул) adj, m	[ma´lin'kii (stul)]	small, little (chair)
мно́го	[mno´ga]	many, much
музе́й, m	[muze´i]	museum
Но	[no]	But
По́лка для книг, f	[Po´lka dlya knik]	Bookshelf
по́лка, f	[po´lka]	shelf
ру́бль, m	[rubl']	ruble
телеви́зор, m	[tilivi´zar]	television
тётя, f	[tyo´tya]	aunt
У меня́ нет + *noun in genitive*	[U minya´ nyet + …]	I have not got + noun
У меня́ нет груш.	[U minya´ nyet grush]	I have not got pears.
чай, m	[cha´i]	tea
шка́ф, m	[shka´f]	closet
докуме́нт, m	[dakume´nt]	document
доро́га, f	[daro´ga]	road
кварти́ра, f	[kvarti´ra]	apartment
шарф, m	[sharf]	scarf
стена́, f	[stina´]	wall
рестора́н, m	[ristara´n]	restaurant
пла́тье, n	[pla´t'ye]	dress
календа́рь, m	[kalinda´r']	calendar
блю́до, n	[blyu´da]	dish, plate

8.

Everyday activities / Ежедневные дела

Read the text.

Светла́на — учи́тель. Она́ рабо́тает в шко́ле. Ка́ждый день она́ просыпа́ется в 7:00 (семь часо́в утра́), умыва́ется, чи́стит зу́бы и гото́вит себе́ за́втрак. В 8:00 (во́семь часо́в) она́ за́втракает, в 8:30 (во́семь три́дцать / полови́ну девя́того) Светла́на одева́ется, а в 8:45 (во́семь со́рок пять / без пятна́дцати де́вять) идёт на рабо́ту. Рабо́чий день Светла́ны начина́ется в 9:00 (де́вять часо́в утра́). В 12:00 (двена́дцать часо́в дня), у Светла́ны обе́д. Она́ обы́чно обе́дает в шко́льной столо́вой. В 16:00 (четы́ре часа́ ве́чера) Светла́на зака́нчивает рабо́ту и идёт домо́й. В 17:00 (пять часо́в ве́чера) она́ гото́вит у́жин, а в 18:00 (шесть часо́в ве́чера) у́жинает. Ве́чером Светла́на ча́сто смо́трит телеви́зор, слу́шает му́зыку и́ли чита́ет кни́ги. В 20:00 (во́семь часо́в ве́чера) Светла́на принима́ет душ, а в 21:00 (де́вять часо́в ве́чера) ложи́тся спать. На выходны́х Светла́на иногда́ встреча́ется с друзья́ми в кафе́ и́ли хо́дит по магази́нам.

1. Match the times to Svetlana's activities.

7:00	1. Светла́на гото́вит у́жин
8:00	2. Светла́на за́втракает
8:30	3. Светла́на идёт домо́й
8:45	4. Светла́на идёт на рабо́ту

9:00	5. Светла́на ложи́тся спать
12:00	6. Светла́на начина́ет рабо́тать
16:00	7. Светла́на обе́дает
17:00	8. Светла́на одева́ется
18:00	9. Светла́на просыпа́ется
20:00	10. Светла́на у́жинает
21:00	11. Светла́на принима́ет душ

What time is it? / Ско́лько вре́мени?

Read the short dialogue below.

> Здра́вствуйте! Вы не подска́жете, ско́лько вре́мени?
> [Zdra´stvuiti! Vy ni patska´zhiti, sko´l'ka vre´mini?]
> Hello! Can you please tell me what time it is?

> Два́дцать мину́т шесто́го.
> [Dva´tsat' minu´t shisto´va.]
> It's twenty past five.

> Спаси́бо!
> [Spasi´ba!]
> Thank you!

Telling time in Russian is not that difficult. The most difficult part is to choose a correct noun form for minutes and hours. When telling the time, Russians may use either 12-hour time, specifying the part of the day ("утра́", "дня", "ве́чера" or "но́чи"), or 24-hour time.

TELLING THE TIME: QUESTIONS

There are two questions that you can equally use to ask the time:

Ско́лько вре́мени? [Sko´l'ka vre´mini?]

Кото́рый час? [Kato´ryi chas?]

What time is it?

If you ask a stranger on the street you should start your request with some polite phrase, such as:

- **Скажи́те, пожа́луйста**, ско́лько вре́мени? [Skazhi´ti, pazha´lasta, sko´l'ka vre´mini?] Will you please tell me, what time it is?
- **Вы не подска́жете**, кото́рый час? [Vy ni patska´zhiti, kato´ryi chas?] Can you please tell me, what time it is?

TELLING THE TIME: ANSWERS

<u>1.</u> To tell **exact** time, you say a cardinal **number** + the word "**час**" in a correct form (**час, часа́, часо́в**) + the word "**ро́вно***" OR one of the words defining time of day: "**утра́**" (morning), "**дня**" (day), "**ве́чера**" (evening), "**но́чи**" (night).

* The word "ро́вно" is often omitted especially in colloquial Russian.

- If a number of hours is "**1**" or "**21**", use the word "**час**". For examle:

- **Час ро´вно***. [Chas ro´vna] It's one o'clock
- **Два´дцать оди´н час ро´вно.** [Dva´tsat' adi´n chas ro´vna] It's nine o'clock in the evening

*When you want to say that it's one o'clock you rarely say the number (1) itself, and just say "**Час (дня / но´чи)**" or "**Час ро´вно**".

- If a number of hours ends with "**2**", "**3**", "**4**" (namely: 2, 3, 4, 22, 23, 24) use the word "**часа´**". For examle:
  - **Два´ часа´ ро´вно.** [Dva chasa´ ro´vna] It's two o'clock
  - **Два часа´ дня.** [Dva chasa´ dnya] It's two o'clock in the afternoon
  - **Два´дцать три часа´*.** [Dva´tsat' tri chasa´] It's eleven o'clock in the evening

*In colloquial Russian you can also omit the final word "ро´вно" and just stop at "**час**" / "**часа´**" / "**часо´в**".

- With all the other numbers use the word "**часо´в**". For examle:
  - **Шесть часо´в ро´вно.** [Shest' chaso´f ro´vna] It's six o'clock
  - **Семь часо´в утра´.** [Sem' chas´of utra´] It's seven o'clock in the morning

- **Шестна́дцать часо́в ро́вно.** [Shisna´tsat' chaso´f ro´vna] It's four o'clock

OR

2. If you want to say that it's half past a certain hour, then you should say the following: the word "**полови́на**" [palavi´na] or "**пол**" [pol] (both meaning "a half") + a **numeral** of the **hour** that will **come** in a **genitive** form. For example:

- 5:30 → Полови́на / пол шесто́го [Palavi´na / pol shisto´va]
- 12:30 → Полови́на / пол пе́рвого [Palavi´na / pol pe´rvava]
- 8:30 → Полови́на / пол девя́того [Palavi´na / pol divya´tava]

Note that unlike English in Russian we say something similar to "half **to (next hour)**" rather that "half past (past hour)".

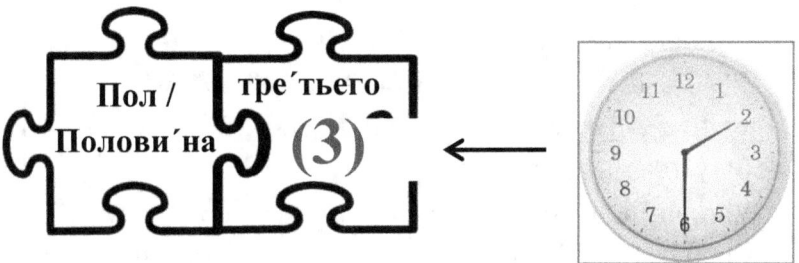

3. In a similar way we name the time when after the beginning of a certain hour passed from 1~34 minutes: **number** of minutes + the correct form of the word "**мину´та**" (**мину´та, мину´ты, мину´т**) +a **numeral** of the **hour** that will **come** in a **genitive** form. For example:

- 3:10 → Де´сять мину´т четвёртого [De´syat' minu´t chitvyo´rtava]

- 11:03 → Три мину´ты двена´дцатого [Tri minu´ty dvina´tsatava]

- 13:01 → Одна´ мину´та второ´го [Adna´ minu´ta vtaro´va]

And again:
- If a number of minutes ends with "**1**" (except for 11) we use the word "**мину́та**" in nominative singular: 1 мину́та, 21 мину́та, 31 мину́та, etc.
- If a number of minutes ends with "**2**", "**3**", "**4**" (except for 12, 13 and 14) we use the word "**мину́ты**", which is a genitive <u>singular</u> form: 23 мину́ты, 32 мину́ты, 4 мину́ты.
- With all the other numbers we use the word "**мину́т**", which is a genitive <u>plural</u> form: 15 мину́т, 28 мину́т, 9 мину́т.

In the table below you will find the genitive singuar forms of some ordinal numbers, which you will use when telling the time (for coming hours, like "оди́ннадцатого" in the example above):

N	Cardinal	Ordinal
1	оди́н	пе́рвого
2	два	второ́го
3	три	тре́тьего
4	четы́ре	четвёртого
5	пять	пя́того

6	шесть	шесто́го
7	семь	седьмо́го
8	во́семь	восьмо́го
9	де́вять	девя́того
10	де́сять	деся́того
11	оди́ннадцать	оди́ннадцатого
12	двена́дцать	двена́дцатого

Note that the ending "**ого**" in the ordinal numbers above is pronounced as "**ава**" (if the first **o** is unstressed) and "**о́ва**" (if the first **o** is stressed). For example:
- восьмо́го → [vas'mo´va]
- девя́того → [divya´tava]

4. When the number of the minutes passed from the beginning of a certain hour is greater than 34, to tell the time you should say: "**без**" + the **number** of minutes **left** till the beginning of the next hour in genitive + **мину́ты / мину́т*** + the cardinal **number** of the **new** hour in **nominative** case. For example:

- 18:50 → Без десяти́ семь [Bez disyati´ sem']
- 2:39 → Без двадцати́ одно́й мину́ты три [Bez dvatsati´adno´i minu´ty tri]
- 5:56 → Без четырёх мину́т шесть [Bez chityryo´kh minu´t shest']

The word "**мину́т**" is often **omitted** if the number of minutes left till the beginning of a new hour is **5, 10, 15, 20 or 25**. For example: 9:40 → Без двадцати́ де́сять.

Genitive forms of "мину́та":
- If the number of minutes left is "**1**" or "**21**" we use the word "**мину́ты**" which is genitive <u>singular</u>: Без одно́й мину́ты оди́ннадцать → 10:59.
- With all the other numbers we use the word "**мину́т**", which is a genitive <u>plural</u> form: Без шестна́дцати мину́т час → 12:44.

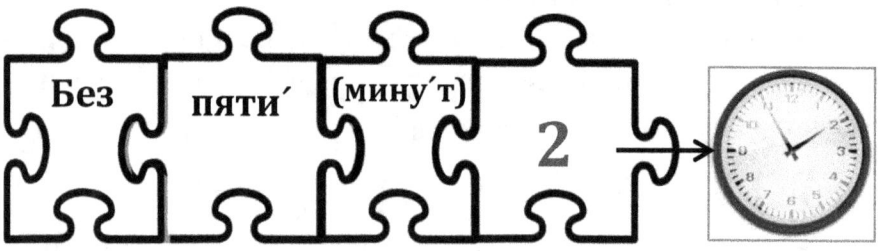

To form a genitive case form of a cardinal number:

- Оди́н → одно́й (fem)
- Два → двух
- Три → трёх
- Четы́ре → четырёх

- All the other: final "ь" is replaced with "и" (де́сять → десяти́); a consonant or "о" → "а" (со́рок → сорока́, девяно́сто → девяно́ста)

What time do you get up? / В кото́ром часу́ ты просыпа́ешься?

Read the short dialogue:

> **В кото́ром часу́ ты просыпа́ешься?**
> [V kato´ram chasu ty prasypa´ishsya?]
> What time do you wake up?

> **Обы́чно в шесть часо́в утра́.**
> [Aby´chna v shest' chaso´f utra´.]
> Usually at 6 o'clock in the morning.

2. Read the adverbs below and put them on appropriate places on the arrow:

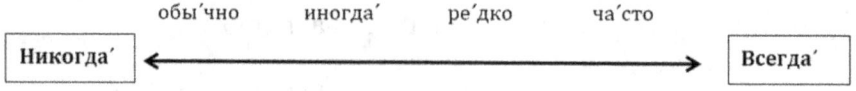

Although the Russian language doesn't have strict word order, in a sentence adverbs of frequency usually follow a subject.

We asked several people what time they usually get up. In the table below you can find what they told us.

1. Ли́дия, 25 Официа́нтка Я обы́чно просыпа́юсь о́чень ра́но. В полови́ну шесто́го утра́ и́ли да́же в пять часо́в ро́вно.	3. Михаи́л, 53 Инжене́р Я обы́чно просыпа́юсь в семь часо́в утра́ — за час до вы́хода на рабо́ту. _____	5. Кири́лл, 22 Программи́ст Я рабо́таю из до́ма, поэ́тому просыпа́юсь по́здно. В де́сять и́ли оди́ннадцать часо́в утра́. _____
2. Оле́г, 36 Такси́ст Я рабо́таю но́чью, поэ́тому просыпа́юсь ве́чером — обы́чно где́-то в два́дцать мину́т пя́того ве́чера.	4. Кристи́на, 19 Студе́нтка Ка́ждый день я просыпа́юсь в без пятна́дцати семь. _____	6. Викто́рия, 37 Продаве́ц Обы́чно я встаю́ в пятна́дцать мину́т девя́того. _____

3. Using numbers write down what time they get up.

My day / Мой день

Look at the actions below.

просыпа́ться	идти́ на рабо́ту	рабо́тать	есть	ложи́ться спа́ть
одева́ться	пить	чита́ть кни́ги	слу́шать му́зыку	смотре́ть телеви́зор
умыва́ться	гото́вить еду́			

4. Match the infinitive forms of the verbs to their first-person singular forms (I do - Я де́лаю)

1. Просыпа́ться
2. Одева́ться
3. Умыва́ться
4. Идти́ на рабо́ту
5. Пить
6. Гото́вить еду́
7. Рабо́тать
8. Чита́ть кни́ги
9. Есть
10. Слу́шать му́зыку
11. Ложи́ться спа́ть
12. Смотре́ть телеви́зор

a) Я смотрю́ телеви́зор
b) Я ем
c) Я чита́ю кни́ги
d) Я рабо́таю
e) Я ложу́сь спать
f) Я гото́влю еду́
g) Я умыва́юсь
h) Я иду́ на рабо́ту
i) Я одева́юсь
j) Я пью
k) Я просыпа́юсь
l) Я слу́шаю му́зыку

GRAMMAR. The Present tense and the personal pronoun "Я"

To make a **positive** sentence with the personal pronoun "Я" in the **Present tense** you need to put a verb into a **first-person singular form**.

The verbs **in first-person singular** in the Present tense usually end with "**-у**" (**-ю**), "**-усь**" (**-юсь**). These endings replace infinitive endings, such as
- **-ать, -ять, -ить, -еть** (replaced with **–у / -ю**),
- **-аться, -иться, яться** (replaced with **–усь / -юсь**).

Positive sentences:

- Я + чита́ть → **Я чита́ю (кни́гу)** [Ya chita´yu (kni´gu)] I read a book
- Я + петь → **Я пою́ (пе́сню)** [Ya payu´ (pe´s'nyu)] I sing a song
- Я + игра́ть → **Я игра́ю (в футбо́л)** [Ya igra´yu (f futbo´l)] I play football

To make a **negative** sentence with the personal pronoun "**Я**" in the **Present tense** you need to add "**не**" before a verb in the **first-person singular form**.

Negative sentences:

- Я + чита́ть → **Я <u>не</u> чита́ю (кни́гу)** [Ya ni chita´yu (kni´gu)] I do not read a book
- Я + петь → **Я <u>не</u> пою́ (пе́сню)** [Ya ni payu´ (pe´s'nyu)] I do not sing a song
- Я + игра́ть → **Я <u>не</u> игра́ю (в футбо́л)** [Ya ni igra´yu (f futbo´l)] I do not play football

I go to work at 6 o'clock / Я иду́ на рабо́ту в 6 часо́в

To say the time, at which you do something, use the preposition "**в**". For example:

- **Я умыва́юсь в 7:35***. [Ya umyva´yus' f sem' tri´tsat' pyat'] I wash my face at 7:35.
- **В 9 часо́в я смотрю́ телеви́зор.** [V de´vyat' chiso´f ya smatryu´ tilivi´zar] At 9 o'clock I watch television.
- **В час но́чи я не слу́шаю му́зыку.** [F chas no´chi ya ni slu´shayu mu´zyku] I do not listen to music at one o'clock a night.

*Sometimes when you ask somebody what time it is, they can just say the two numbers that they see on the clock. For example:
- 6:53 → **Шесть пятьдеся́т три** [Shest' pidisya´t tri] Six fifty-three
- 13:39 → **Трина́дцать три́дцать де́вять** [Trina´tsat' tri´tsat' de´vit'] Thirteen thirty-nine

Tell about your usual working day. What time you get up, have breakfast, go to work / university, etc.

How often do you do the actions from the list above on Sunday mornings? Fill in the table.

Никогда́	Ре́дко	Иногда́	Обы́чно	Ча́сто	Всегда́

Write a short text about what you do on your usual Sunday.
Start with "В воскресе́нье я…"

NOTE: If you want to say that you **never** do something, you should say: **Я никогда́ не** + the action. For example:
- **Я никогда́ не смотрю́ телеви́зор** [Ya nikagda´ ni smatryu´ tilivi´zar] I never watch television.

5. Put days of the week into the correct order.

Remember that the first day of the week in Russia is "Понеде́льник" (Monday).

Воскресе́нье
Вто́рник
Понеде́льник   1
Пя́тница
Среда́
Суббо́та
Четве́рг

Read the short poem below to find out how to use the days of the week in a sentence:

В понеде́льник я иду к врачу́,
А во вто́рник с дру́гом в Рим лечу.
В сре́ду я иду́ на рок-конце́рт,
А в четве́рг на у́жин ем десе́рт.
В пя́тницу танцу́ю и пою́,
А в суббо́ту о́перу смотрю́.
В воскресе́нье до обе́да сплю —
Выходны́е о́чень я люблю́.

To say what you do on Monday / Tuesday / Wednesday, etc, you use "в"/ "во" + day of the week in accusative case.

Read the poem again paying special attention to how the nouns defining days of the week have changed in the sentences.

Complete the sentences with what you do or do not do on each day of the week:

For example: В понеде́льник я обы́чно <u>гото́влю еду́</u>.

Во вто́рник я иногда́ _____.

В сре́ду я обы́чно _____.

В четве́рг я ре́дко _____.

В пя́тницу я никогда́ _____. **don't forget "не"!**

В суббо́ту я всегда́ _____.

В воскресе́нье я ча́сто _____.

Now you can have some practice with the exercises below. Feel free to refer to the module's contents if needed.

 **Exercises / Упражнения**

1. Write first-person singular forms of the verbs.

Infinitive	First-person singular
спать	
одеваться	
работать	
смотреть	
танцевать	
петь	
идти	
слушать	
умываться	
лететь	

Make sentences using the first-person singular forms you have written.

2. Write the question you would ask to find out the time and write the answers. Use full answers.

The question: _____

1. _____		2. _____	
	1.		2.

| 3. _____ — | [clock] 3. | 4. _____ | [clock] 4. |

3. Complete the sentences so that they were true for you.

1. (+) В 12:00 я

   _____.

2. (+) В час но́чи я

   _____.

3. (-) В семь часо́в ве́чера я

   _____.

4. (+) В 6:30 утра́ я

   _____.

5. (-) В 3 часа́ дня я

   _____.

6. (+) В оди́ннадцать часо́в ве́чера я

   _____.

7. (-) В 8 часо́в утра́ я

   _____.

8. (+) В 16:00 я

   _____.

9. (-) В три часа́ но́чи я

   _____.

4. Answer the questions using Russian adverbs of frequency.

Ex. Как ча́сто вы поёте? → Я ре́дко пою́.

1. Как ча́сто вы слу́шаете му́зыку?
2. Как ча́сто вы смо́трите телеви́зор
3. Как ча́сто вы принима́ете душ?
4. Как ча́сто вы смо́трите о́перу?
5. Как ча́сто вы встреча́етесь с друзья́ми?
6. Как ча́сто вы хо́дите по магази́нам?
7. Как ча́сто вы спи́те до обе́да?
8. Как ча́сто вы рабо́таете но́чью?
9. Как ча́сто вы гото́вите еду́?
10. Как ча́сто вы танцу́ете?

5. Find the odd one out.

1	мину́та	мину́ты	мину́т	час
2	пе́рвого	двух	второ́го	тре́тьего
3	одно́й	трёх	четырёх	пять
4	оди́н	два	семь	пя́того

6. Write the correct accusative case forms of the days of the week.

1. Понеде́льник → В _____
2. Вто́рник → Во _____
3. Среда́ → В _____
4. Четве́рг → В _____
5. Пя́тница → В _____
6. Суббо́та → В _____
7. Воскресе́нье → В _____

7. Write positive and negative sentences using each day of the week.

Ex.   В понеде́льник я хожу́ по магази́нам.
       В понеде́льник я не хожу́ на рабо́ту.

8. Read the short text about Svetlana again. Say the times as described in the "Telling the time" section above.

Светла́на — учи́тель. Она́ рабо́тает в шко́ле. Ка́ждый день она́ просыпа́ется в 7:00, умыва́ется, чи́стит зу́бы и гото́вит себе́ за́втрак. В 8:00 она́ за́втракает, в 8:30 Светла́на одева́ется, а в 8:45 идёт на рабо́ту. <u>Рабо́чий день Светла́ны</u>* начина́ется в 9:00 утра. В 12:00 <u>у Светла́ны</u>** обе́д. Она́ обы́чно обе́дает в шко́льной столо́вой. В 16:00 Светла́на зака́нчивает рабо́ту и идёт домо́й. В 17:00 она́ гото́вит у́жин, а в 18:00 у́жинает. Ве́чером Светла́на ча́сто смо́трит телеви́зор, слу́шает му́зыку и́ли чита́ет кни́ги. В 20:00 Светла́на принима́ет душ, а в 21:00 ложи́тся спать. На выходны́х Светла́на иногда́ встреча́ется с друзья́ми в кафе́ и́ли хо́дит по магази́нам.

9. Now fill in the gaps in the text to make it first-person.

Ex. Светла́на — учи́тель. Она́ рабо́тает в шко́ле. → Я учи́тель. Я рабо́таю в школе.

_____ — учи́тель. _____ _____ в шко́ле. Ка́ждый день _____ _____ в 7:00, _____, _____ зу́бы и _____ себе́ за́втрак. В 8:00 _____ _____, в 8:30 _____, а в 8:45 _____ на

рабо́ту. _____ _____ _____
начина́ется в 9:00 утра́. В 12:00 _____ _____ обе́д.
_____ обы́чно _____ в шко́льной
столо́вой. В 16:00 _____ _____
рабо́ту и _____ домо́й. В 17:00 _____
_____ у́жин, а в 18:00
_____. Ве́чером _____ ча́сто
_____ телеви́зор, _____
му́зыку и́ли _____ кни́ги. В 20:00
_____ _____ душ, а в 21:00
_____ спать. На выходны́х _____ иногда́
_____ с друзья́ми в кафе́ и́ли _____
по магази́нам.

TIPS:

* to make the phrase first-person use one of the possessive pronouns (мой / моя / моё). HINT: think about which gender the word "день" belongs to.

** to make the phrase first-person use genitive form of the personal pronoun "я". HINT: have a look at the module 3.

10. Find the mistakes and correct the sentences.

1. Я обычно ложиться спать в половину одиннадцатого.
2. В среда я всегда хожу по магазинам.
3. Я иду домой в половину пять.
4. Я не есть апельсины.
5. Я никогда смотрю телевизор.

6. Я завтракает рано.
7. Я часто ложусь сплю очень поздно.
8. Сейчас без одной минут два.
9. Я обедать в школьной столовой.
10. Сейчас семь минута двенадцатого.
11. Я принимаю душ в двадцать минут восемь утра.
12. Иногда я не смотрит телевизор после работы.
13. Я чистить зубы утром и вечером.
14. Я не любит играть в футбол.
15. Я одеваюсь в семь часов утро.
16. На выходных я часто ходить в кино.
17. В воскресенью я сплю до обеда.
18. - Сколько времени?
    - Без две минут девять.

Отличная работа! / Well done!

Glossary / Словарь

Russian	Transliteration	English
без + gen	[bez]	without
ве́чер, m (when?) ве́чером	[ve´chir] [ve´chiram]	evening in the evening
воскресе́нье, n в воскресе́нье	[vaskrise´n'ye] [v vaskrise´n'ye]	Sunday On Sunday
вре́мя, n	[vre´mya]	time
всегда́	[vsigda´]	always
встава́ть, я встаю́	[fstava´t'] [ya fstayu´]	to get up I get up
встреча́ться с друзья́ми я встреча́юсь ~	[vstricha´tsa s druz'ya´mi] [ya vstricha´yus' ~]	to go out with friends I go out ~
вто́рник, m во вто́рник	[fto´rnik] [va fto´rnik]	Tuesday On Tuesday
второ́й	[ftaro´i]	second
Вы не подска́жете...?	[Vy ni patska´zhiti ...?]	Can you please tell me ....?
выходны́е	[vykhadny´i]	weekends
гото́вить еду́ я гото́влю ~	[gato´vit' yidu´] [ya gato´vlyu ~]	to cook food I cook ~
гото́вить за́втрак	[gato´vit' abe´t]	to make lunch
гото́вить обед	[gato´vit' za´ftrak]	to make breakfast

гото́вить у́жин	[gatóvit' u´zhin]	to make dinner / supper
день, m (when?) днём	[den'] [dnyom]	day in the afternoon
десе́рт, m	[dise´rt]	a dessert
есть я **ем**	[yest] [ya yem]	to eat I eat
за́втракать я за́втрака**ю**	[za´ftrakat'] [ya za´ftrakayu]	to have breakfast I have breakfast
зака́нчивать (+ n.acc. / v. inf) я зака́нчива**ю**	[zaka´nchivat'] [ya zaka´nchivayu]	to finish I finish
игра́ть я игра́**ю**	[igra´t'] [ya igra´yu]	to play I play
игра́ть в футбо́л	[igrat' f futbo´l]	to play football
идти́ домо́й я и**ду**́	[iti´ damo´i] [ya idu´]	to go home I go
идти́ на рабо́ту	[iti´ na rabo´tu]	to go to work
иногда́	[inagda´]	sometimes
кафе́	[kafe´]	a café
конце́рт, m	[kantse´rt]	a concert
Кото́рый час?	[Kato´ryi chas?]	What time is it?
лете́ть я ле**чу**́	[lite´t'] [ya lichu´]	to fly I fly
ложи́ться спать я ло**жу**́**сь** ~	[lazhi´tsa spat'] [ya lazhu´s' ~]	to go to sleep I go ~

люби́ть (+ n.acc. / v. inf) я люблю́	[lyubi´t'] [lyublyu´]	to love I love
мину́та, f	[minu´ta]	minute
на выходны́х	[na vykhadny´kh]	at the weekend
начина́ть (+ n.acc. / v. inf) я начина́ю	[nachina´t'] [ya nachina´yu]	to begin, to start I start
никогда́	[nikagda´]	never
ночь, f (when?) но́чью	[noch] [no´ch'yu]	night at night
о́пера, f	[o´pira]	opera
обе́дать я обе́даю	[abe´dat'] [ya abe´dayu]	to have lunch I have lunch
обе́дать в столо́вой	[abe´dat' f stalo´vai]	to eat in a cafeteria
обы́чно	[aby´chna]	usually
одева́ться я одева́юсь	[adiva´tsa] [ya adiva´yus']	to dress up I dress up
пе́рвый	[pe´rvyi]	first
пе́сня, f	[pe´snya]	a song
петь я пою́	[pyet'] [ya payu´]	to sing I sing
пить я пью	[pit'] [ya p'yu]	to drink I drink
по́здно	[po´zdna]	late
по́сле рабо́ты	[po´sli rabo´ty]	after work

полови́на / пол	[palavi´na / pol]	a half
понеде́льник, m в понеде́льник	[panide´l'nik] [f panide´l'nik]	Monday On Monday
принима́ть душ я принима́ю	[prinima´t' dush] [ya prinima´yu]	to have a shower I have a shower
программи́ст, m	[pragrami´st]	programmer
просыпа́ться я просыпа́юсь	[prasypa´tsa] [ya prasypa´yus']	to wake up, to get up I wake up
пя́тница, f в пя́тницу	[pya´tnitsa] [f pya´tnitsu]	Friday On Friday
ра́но	[ra´na]	early
рабо́тать в шко́ле я рабо́таю	[rabo´tat' f shko´li] [ya rabo´tayu]	work in school I work
рабо́тать из до́ма	[rabo´tat' iz do´ma]	to work from home
рабо́тать но́чью	[rabotat' no´ch'yu]	to work at night
ре́дко	[re´dka]	rarely
Рим, m	[Rim]	Rome
ро́вно	[ro´vna]	exactly (about time)
сейча́с	[siicha´s]	now
Скажи́те, пожа́луйста, ... ?	[Skazhi´ti, pazha´lasta, ... ?]	Will you please tell me ... ?
Ско́лько вре́мени?	[sko´l'ka vre´meni?]	What time is it?
слу́шать му́зыку я слу́шаю	[slu´shat' mu´zyku] [ya slu´shayu]	to listen to music I listen

смотре́ть телеви́зор я смотрю́	[smatre´t' tilivi´zar] [ya smatryu´]	to watch TV I watch
спать я сплю	[spat'] [ya splyu]	to sleep I sleep
спать до обе́да	[spat' da abe´da]	to sleep till midday
среда́, f в сре́ду	[srida´] [f sre´du]	Wednesday On Wednesday
столо́вая	[stalo´vaya]	a cafeteria
суббо́та, f в суббо́ту	[subo´ta] [f subo´tu]	Saturday On Saturday
танцева́ть я танцу́ю	[tantsyva´t'] [ya tantsu´yu]	to dance I dance
тре́тий	[tre´tii]	third
у́жинать я у́жинаю	[u´zhinat'] [ya u´zhinayu]	to have dinner / supper I have dinner
у́тро, n (when?) у́тром	[u´tra] [u´tram]	morning in the morning
умыва́ться я умыва́юсь	[umyva´tsa] [ya umyva´yus']	to wash your face I wash my face
футбо́л, m	[futbo´l]	football
ходи́ть в кино́	[khadi´t' f kino´]	to go to the movies
ходи́ть по магази́нам я хожу́ ~	[khadi´t' pa magazi´nam] [ya khazhu´ ~]	to do shopping I do shopping
ча́сто	[cha´sta]	often

час, m	[chas]	hour
четве́рг, m в четве́рг	[chitve´rk] [f chitve´rk]	Thursday On Thursday
четвёртый	[chitvyo´rtyi]	forth
чи́стить зу́бы я чи́**щу**	[chi´stit' zu´by] [ya chi´shchu]	to brush your teeth I brush
чита́ть кни́ги я чита́**ю**	[chita´t' kni´gi] [ya chita´yu]	to read books I read
шко́ла, f	[shko´la]	school

9.

Vika and Vanya are going to Moscow / Вика и Ваня едут в Москву

Have you ever been to Russia? Have you visited Moscow? If you have, did you like it? If you haven't, would you like to visit Moscow? Why or why not?

Moscow (Москва́ [Maskvá]) is the capital of Russia. It's the biggest city in the country with the population of more than 12,5M people. The most famous attractions in the city are the Read Square, the Kremlin, Lenin's Mausoleum, the Bolshoi Theater, Patriarshiye Prudy, the Gorky Park, etc.

Read the short text about two siblings who are going to Moscow on vacation.

Ви́ка и Ва́ня — брат и сестра́. Они́ студе́нты. Ви́ка у́чится на инжене́ра, а Ва́ня хо́чет стать архите́ктором. Ви́ка паку́ет чемода́ны, а Ва́ня покупа́ет биле́ты на самолёт. Ребя́та живу́т в Краноя́рске. До Москвы́ им лете́ть пять часо́в. Аэропо́рт нахо́дится недалеко́ от их до́ма. Ребя́та садя́тся на авто́бус до аэропо́рта и отправля́ются в путь. Самолёт взлета́ет в семь часо́в ве́чера. В аэропо́рт ребя́та приезжа́ют в полови́ну шесто́го. Они́ получа́ют поса́дочные тало́ны, сдаю́т бага́ж и иду́т в зал ожида́ния. В за́ле ожида́ния Ви́ка чита́ет журна́л, а Ва́ня смо́трит фильм. В полови́ну седьмо́го ребя́та отправля́ются на поса́дку. Ви́ка сади́тся у окна́, а Ва́ня сади́тся у прохо́да. В семь часо́в самолёт взлета́ет, и ребя́та летя́т в Москву́.

1. Match the words to the pictures.

самолёт	чемода́н	поса́дочный тало́н	бага́ж
аэропо́рт	биле́т	зал ожида́ния	авто́бус

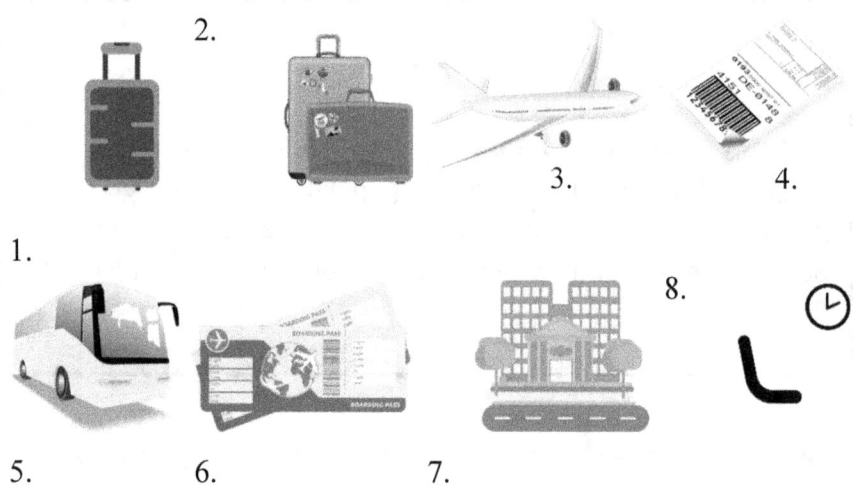

2. All of these words are related to airports, flights and travelling. Can you think of any other words that can be added to the list above? Write them in the space below. Use a dictionary if needed.

3. Match the verbs form the text above to the nouns to make phrases.

1. учи́ться на
2. покупа́ть
3. сади́ться на
4. получа́ть
5. пакова́ть
6. хоте́ть стать
7. сади́ться у
8. отправля́ться

a) чемода́ны
b) самолёт
c) поса́дочный тало́н
d) инжене́ра
e) биле́ты
f) в путь
g) архите́ктором
h) окна́

4. Read the text one more time and find:

— three verbs ending with "ет" →
— one verb ending with "ит" →
— two verbs ending with "ют" →
— one verb ending with "ят" →
— two verbs ending with "ут" →
— three verbs ending with "ится" →
— one verb ending with "ются" →
— one verb ending with "ятся" →

GRAMMAR. Third-person singular and plural in the Present tense

The verbs **in third-person singular** (он, она́, оно́) in the Present tense usually end with "-ет" (-ит), "-ится" (-ется). These endings replace infinitive endings, such as

- **-ать, -ять, -ить, -еть** (replaced with **–ет / -ит**),
- **-аться, -иться, яться** (replaced with **–ется / -ится**).

The third-person singular forms of verbs are the same for all grammatical genders. For example:
- **стоя́ть** [staya´t'] (to stand) → Он стои́т, Она́ стои́т, Оно́ стои́т

The verbs **in third-person plural** (они́ [ani´] they) in the Present tense usually end with "**-ат**" (**-ят**), "**-ут**" (**-ют**), "**-атся**" (**-ятся**), "**-утся**" (**-ются**). These endings replace infinitive endings, such as

- **-ать, -ять, -ить, -еть** (replaced with **–ат (-ят) / -ут (-ют)**),
- **-аться, -иться, -яться** (replaced with **–атся (-ятся) / -утся (ются)**.

Positive sentences:
- Он + покупа́ть → **Он покупа́ет биле́ты** [On pakupa´it bile´ty] He buys tickets
- Она́ + сиде́ть → **Она́ сиди́т** [Ana´ sidi´t] She is sitting
- Оно́ + лете́ть → **Оно́ лети́т** [Ano´ liti´t] It is flying
- Они́ + хоте́ть → **Они́ хотя́т** [Ani´ khatya´t] They want

Negative sentences:

To make a **negative** sentence in the **Present tense** you need to add "**не**" before a verb in the **third-person singular or plural form**. For example:
- Он + покупа́ть → **Он не покупа́ет биле́ты** [On ni pakupa´it bile´ty] He doesn't buy tickets

- Она́ + сиде́ть → **Она́ не сиди́т** [Ana′ ni sidi′t] She is not sitting
- Оно́ + лете́ть → **Оно́ не лети́т** [Ano′ ni liti′t] It is not flying
- Они́ + хоте́ть → **Они́ не хотя́т** [Ani′ ni khatya′t] They do not want

Questions:

Questions are formed in the same way as positive and negative sentences. The only thing that is different is **intonation.** In questions the intonation is rising either on the question word or the word you ask about. For example:

- **Он** покупа́ет биле́ты? means "Does **he** buy the tickets?"
- Он **покупа́ет** биле́ты? means "Does he **buy** the tickets?"
- Они́ покупа́ют **биле́ты**? means "Do they buy the **tickets**?
- **Что** они́ покупа́ют? means "**What** do they buy"

Review the table below. These are a few more examples of how the verbs change depending on whether they are first- or third-person.

Infinitive	First-person, sg Я	Third-person, sg Он, Она́, Оно́	Third-person, pl Они́
идти́	иду́	идёт	иду́т
люби́ть	люблю́	лю́бит	лю́бят
хоте́ть	хочу́	хо́чет	хотя́т
жить	живу́	живёт	живу́т
получа́ть	получа́ю	получа́ет	получа́ют
находи́ться	нахожу́сь	нахо́дится	нахо́дятся
сади́ться	сажу́сь	сади́тся	садя́тся

Remember that the letters "**я**" and "**ю**" are not used after "**ж**", "**ч**", "**ш**", and "**щ**". For example: хо**чу**, са**жу**сь, etc.

5. Fill in the gaps in the verbs with the letters "я", "ю", "и", "у", "е" (-ё).

1. я сиж… (сиде́ть)
2. он паку…т (накова́ть)
3. они лет…т (лете́ть)
4. они ход…т по магази́нам (ходи́ть)
5. она одева…тся (одева́ться)
6. они просыпа…тся (просыпа́ться)
7. оно наход…тся (находи́ться)
8. он чист…т зу́бы (чи́стить)
9. я лож…сь спать (ложи́ться)
10. он ид…т на рабо́ту (идти)
11. она говор…т по-ру́сски (говори́ть)
12. я отправля…сь (отправля́ться)

How do I get to...? /Как добра́ться до...?

Vika and Vanya have arrived to Sheremetyevo Airport in Moscow. Now they want to go to the Red Square, but they do not know how. They decide to go ask for help.

> Здра́вствуйте! Скажи́те, пожа́луйста, как добра́ться до Кра́сной пло́щади?
> [Zra´stvuiti! Skazhi´ti, pazha´lasta, kak dabra´tsa da Kra´snai plo´shchidi?]
> Hello! Can you please tell me how I can get to the Red Square?

> Вы хоти́те пое́хать на авто́бусе, на такси́ или на по́езде?
> [Vy khati´ti pae´khat' na afto´busi, na taksi´ ili na po´izdi?]
> Do you want to go by bus, by taxi or by train?

> На авто́бусе.
> [Na afto´busi]
> By bus.

> Тогда́ вам ну́жно пройти́ на ста́нцию "Аэропо́рт Шереме́тьево" и сесть на авто́бус H1. Дое́хать до остано́вки "Кита́й-го́род", а отту́да пешко́м дойти́ до Кра́сной пло́щади.
> [Tagda´ vam nu´zhna praiti´ na sta´ntsiyu "Aeropo´rt Shirime´t'yeva" i se´st' na afto´bus H1. Dae´khat' da astano´fki "Kita´i-go´rat", a attu´da pishko´m daiti´ da Kra´snai plo´shchidi.]
> Then you should go to the Sheremetyevo Airport station and take the bus H1. Get off at the Kitay-gorod station, and from there go to the Red Square on foot.

> **Спаси́бо большо́е.**
> [Spasi´ba bal'sho´ye.]
> Thank you very much.

Moscow is one of the biggest cities in the world. Today there are three international airports in Moscow: Sheremetyevo, Domodedovo and Vkunovo airports.

ASKING FOR DIRECTIONS:

Как добра́ться до + (a place in gen)?	[Kak dabra´tsa da...?]	
Как дое́хать до + (a place in gen)	[Kak dae´khat' da...?]	
Как пройти́ к + (a place in dat)*?	[Kak praiti´ k...?]	How do I get to ...?
Как дойти́ до + (a place in gen)*?	[Kak daiti´ da...?]	

The questions "Как пройти́ к…" and "Как дойти́ до…" imply that you are planning to go **on foot**, the question "Как дое́хать до…" imply that you are planning to use some mean of transport, while the question "Как добра́ться до…" does **not specify** how you want to go, but might mean that the place you want to go is quite far away.

Have a look at the list of example questions below with the most popular attractions of Moscow. Pay attention to how the names of attractions change depending on the question:

- Как дое́хать до Кремля́ [Krimlyá]?
- Как пройти́ к Кремлю́ [Krimlyú]?
- Как дойти́ до Мавзоле́я Ле́нина [Mavzale´ya Le´nina]?
- Как добра́ться до Патриа́рших Прудо́в [Patria´rshikh Prudo´f]?
- Как дойти́ до Па́рка Го́рького [Pa´rka Gor´´kava]?
- Как добра́ться до Хра́ма Христа́ Спаси́теля [Khra´ma Khrista´ Spasi´tilya]?
- Как дое́хать до Ста́рого Арба́та [Sta´rava Arba´ta]?
- Как добра́ться до Воробьёвых гор [Varab'yo´vykh gor]?
- Как дойти́ до Большо́го теа́тра [Bal'sho´va tia´tra]?
- Как добра́ться до Третьяко́вской галере́и [Trit'yako´fskai galire´i]?
- Как дое́хать до Новодеви́чьего монастыря́ [Navadivi´ch'yiva manastyrya´]?
- Как дойти́ до метро́ [mitro´]?

Note that the word "метро" [mitro´] (subway) does not inflect for cases and does not have a plural form.

TELLING DIRECTIONS:

Вам ну´жно…	[Vam nu´zhna…]	You need to…
• дойти´ до + (a place in gen)	[daiti´ da…]	go to (a place in gen)
• се´сть на + (a mean transport in acc*)	[sye´st' na…]	take (a mean transport in acc)
• дое´хать до + (a place in gen)	[dae´khat' da…?]	go to (a place in gen)
• вы´йти на остано´вке + (a name)	[vy´iti na astano´vki…]	get off at (a name)

The good news is: accusative case form of means of transport is often the same as their nominative case forms. For example:
- Самолёт [samalyo´t] (plane) → сесть на самолёт
- По´езд [po´izd] (train) → сесть на по´езд
- Такси´ [taksi´] (taxi) → сесть на такси´
- Автобус [afto´bus] → сесть на авто´бус
- Метро [mitro] (subway) → сесть на метро´

Around the city / В го´роде

6. Read the words and match them to their definitions in English:

| 1. теа´тр | 2. музе´й | 3. зоопа´рк | 4. вокза´л | 5. галере´я |
| 6. библиоте´ка | 7. суперма´ркет | 8. кафе´ | 9. кинотеа´тр | 10. парк |

a) a buiding or a room that contains a collection of books and other written materials that you can read or borrow

b) a building where you go to watch films

c) a buiding that is used to show paintings and other art to public

d) a small restaurant where you can buy drinks and small meals

e) a buiiding where you go to watch plays, ballet performances, etc

f) a place where wild animals are kept and people come to see them

g) a place where you can look at important objects connected with art, history and science

h) a large area of grass, usually in a town, where people can walk

i) a large shop that sells a wide variety of products: food, electronics, products for the home, etc

j) a buiding where buses/train start and end their journey or stop so that people could get off them

Note that the word "**кафе́**" [kafe´] (café) does not inflect for cases and does not have a plural form.

7. Write correct endings of the nouns in the "Как дойти́ до…" questions below. Don't forget that in the questions the nouns should be in a genitive singular form.

Ex.: Как дойти́ до музе<u>я</u>?
1. Как дойти́ до теа́тр…?
2. Как дойти́ до библиоте́к…?
3. Как дойти́ до суперма́ркет…?
4. Как дойти́ до зоопа́рк…?
5. Как дойти́ до каф…´?
6. Как дойти́ до вокза́л…?
7. Как дойти́ до кинотеа́тр…?
8. Как дойти́ до галере́…?
9. Как дойти́ до парк…?

Vika and Vanya have finished sightseeing on the Red Square and are now looking for a place where they can have something to eat. Not knowing where to go, they are seeking help from a stranger on the street again. Read the short dialogue below.

Извини́те! Скажи́те, пожа́луйста, как дойти́ до кафе́?
[Izvini´ti! Skazhi´ti, pazha´lasta, kak daiti´ da kafe´?]
Excuse me! Can you please tell me how I can get to a cafe?

Вам ну́жно перейти́ доро́гу, пройти́ пря́мо метров сто, поверну́ть напра́во, пройти́ прямо ещё метров сто пятьдеся́т и поверну́ть нале́во у кинотеа́тра. Там вы уви́дите вы́веску "Кали́нка".
[Vam nu´zhna pirijti´ daro´gu, praiti´ prya´ma me´traf sto, pavirnu´t' napra´va, prajti´ pra´ma ishcho´ me´traf sto pidisya´t i pavirnu´t' nale´vpa u kinatia´tra. Tam vy uvi´diti vy´visku "Kali´nka"].
You need to cross the road, go straight about one hundred meters, turn right, go straight another one hundred and fifty meters and turn left at the cinema. There you will see a signboard "Kalinka".

Спаси́бо большо́е.
[Spasi´ba bal'sho´ye.]
Thank you very much.

Не́ за что.
[Ne´ za shta].
You are welcome.

When we want to ask a stranger for help we may start a conversation with "Извини́те, пожалуйста" instead of "Здравствуйте".

TELLING DIRECTIONS:

Вам ну´жно…	[Vam nu´zhna…]	You need to…
• перейти´ доро´гу	[pirijti´ daro´gu]	cross the road
• пройти´ пря´мо	[prajti´ prya´ma]	go straight ahead
• поверну´ть напра´во	[pavirnu´t' napra´va]	turn right
• поверну´ть нале´во	[pavirnut' nale´va]	turn left
Че´рез … ме´тров + verb in second-person imperative mood	[Che´riz … me´traf…]	In … meters + verb in second-person imperative mood

When you say "вам ну´жно пройти´ пря´мо **100 ме´тров**", you mean "**exactly** 100 meters". When you say "вам ну´жно про´йти пря´мо **ме´тров 100**", you mean "**about** 100 meters".

When **telling directions,** you can also use **verbs** in **imperative** mood. In this case the forms that you will use will be **second-person singular** (informal) or **second-person plural** (formal, polite) in the **imperative** mood. Examples of second-person plural forms:

- Вам ну́жно перейти́ доро́гу → Перейди́те доро́гу
- Вам ну́жно про́йти пря́мо → Пройди́те пря́мо / Иди́те пря́мо
- Вам ну́жно поверну́ть нале́во → Поверни́те нале́во
- Вам ну́жно поверну́ть напра́во → Поверни́те напра́во
- Че́рез сто ме́тров поверни́те напра́во

Examples of second-person singular forms:

- Тебе́ ну́жно перейти́ доро́гу → Перейди́ доро́гу
- Тебе́ ну́жно про́йти пря́мо → Пройди́ пря́мо / Иди́ пря́мо
- Тебе́ ну́жно поверну́ть нале́во → Поверни́ нале́во
- Тебе́ ну́жно поверну́ть напра́во → Поверни́ напра́во
- Че́рез сто ме́тров иди́ пря́мо

8. Read the short texts below. The speakers asked for directions and these are the answers that they heard. Look at the map below and try to guess which places the people were going to. Their current locations are shown with circles and numbers.

1. Перейди́те доро́гу, потом иди́те пря́мо до зда́ния. Там поверни́те напра́во и иди́те пря́мо до доро́ги. Зате́м поверни́те нале́во и иди́те прямо. Че́рез метров 500 сно́ва поверни́те нале́во. И вы на ме́сте.

2. Иди́те пря́мо до доро́ги. Пото́м перейди́те доро́гу и че́рез метров 100 поверни́те нале́во. Иди́те пря́мо до зда́ния. И вы на ме́сте.

3. Поверни́те нале́во и иди́те пря́мо 50 ме́тров. Пото́м сно́ва поверни́те нале́во и иди́те пря́мо до доро́ги. Перейди́те доро́гу. И вы на ме́сте.

4. Иди́те пря́мо. По́сле кафе́ поверни́те нале́во и перейди́те доро́гу. Поверни́те напра́во и иди́те пря́мо до доро́ги. Там поверни́те нале́во и иди́те пря́мо. И вы на ме́сте.

5. Иди́те пря́мо до доро́ги, пото́м поверни́те напра́во. Пройди́те 500 ме́тров пря́мо и перейди́те доро́гу. Пото́м поверни́те нале́во и иди́те пря́мо до теа́тра, а пото́м пря́мо до доро́ги. Перейди́те дорогу и пройди́те ещё метров 300 пря́мо. И вы на ме́сте.

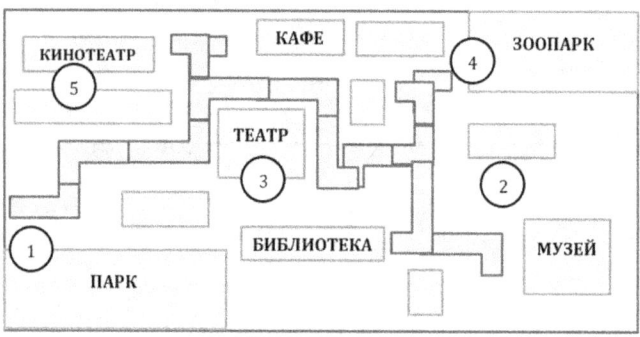

They go by car / Они́ е́дут на маши́не

9. Look at the short texts about several families getting out of the town for the weekends. Read the information about the families and how they are going to spend their weekends and choose a mean of transport that you would recommend for them to use to get to their destinations.

| маши́на | по́езд | минивэ́н | ло́дка |
| самолёт | авто́бус | велосипе́д | вертолёт |

1. Ивано́вы В семье́ Ивано́вых четы́ре челове́ка. Светла́не 35 лет, Ива́ну 36 лет. У них есть два́ ребёнка. О́ле 12 лет, а Па́ше 8 лет. Они́ лю́бят акти́вный о́тдых. Ивано́вы хотя́т пойти́ на пикни́к в парк. **Как им добра́ться до па́рка?** На _____	**3. Соколо́вы** В семье́ Соколо́вых шесть челове́к. А́нне 38 лет, её му́жу И́горю 42 го́да. Их де́тям 18, 16, 13 и 10 лет. На выходны́е они́ плани́руют пое́хать в Евро́пу. **Как им добра́ться до Евро́пы?** На _____
2. Фёдоровы В семье́ Фёдоровых два челове́ка. Ка́тя и Макси́м — муж и жена́. У них нет маши́ны. На выходны́х они́ хотя́т сходи́ть в рестора́н в друго́м го́роде. **Как им добра́ться до друго́го го́рода?** На _____	**4. Пота́повы** Семья́ Пота́повых на выходны́х хо́чет посети́ть друзе́й в друго́й о́бласти. Э́та о́бласть нахо́дится в ты́сяче киломе́тров от них. Никто́ из семьи́ Пота́повых не во́дит маши́ну. **Как им добра́ться до друго́й о́бласти?** На _____

To say "go by (transport)" (е́хать на …) we put the transport into prepositional case form. For this purpose, we either add "-e" to the word's end (if the word ends with a consonant) or replace the final vowel with it. For example:
- ло́дка [lo´tka] boat → на ло́дке → Я плыву́ на ло́дке
- по́езд [po´ist] train → на по́езде → Они́ е́дут на по́езде
- маши́на [mashi´na] car → на маши́не → Он е́дет на маши́не
- самолёт [samalyo´t] plane → на самолёте → Она́ лети́т на самолёте
- авто́бус [afto´bus] bus → на авто́бусе → Они́ е́дут на авто́бусе
- кора́бль [kara´bl'] ship → на корабле́ → Я плыву́ на корабле́

Note that unlike English in the Russian language we do not use the verb "е́хать" [e´khat'] (go) for those means of transport that do not have wheels. For flying transports we use "лета́ть" and for sailing transports we use "пла́вать".

Russia is divided into 6 types of federal subjects. There are:
- **Респу́блика** [rispu´blika] republic

  In Russia there are 22 republics (**респу́блики**). For example: Алта́йская респу́блика, Респу́блика Башкортоста́н
- **О́бласть** [o´blast'] oblast

  In Russia there are 46 oblasts (**областе́й**). For example: Моско́вская о́бласть, Ленингра́дская о́бласть
- **Край** [krai] krai

  In Russia there are 9 krais (**краёв**). For example: Алта́йский край, Пе́рмский край
- **Го́род федера́льного значе́ния** [go´rad fidira´l'nava znache´niya] a city of federal importance

  In Russia there are 3 cities of federal importance (**го́рода федера́льного значе́ния**). They are Москва́, Санкт-Петербу́рг and Севасто́поль.
- **Автоно́мная о́бласть"** [aftano´mnaya o´blast'] autonomous oblast'

  There is 1 autonomous oblast (**автоно́мная о́бласть**) in Russia. It's called Евре́йская автоно́мная о́бласть
- **Автоно́мный о́круг** [aftano´mnyi o´kruk] autonomous okrug

  There are 4 autonomous okrugs (**автоно́мных о́круга**) in Russia. For example: Ха́нты-Манси́йский автоно́мный о́круг

Now you can have some practice with the exercises below. Feel free to refer to the module's contents if needed.

 **Exercises / Упражнения**

1. Make sentences with the words and the phrases below.

| аэропо́рт | учи́ться на | хоте́ть стать | лете́ть | бага́ж |
| вокза́л | маши́на | сади́ться | покупа́ть | жить |

Start the sentences with the pronouns given below.

1. Я
2. Он
3. Она́
4. Они́
5. Я
6. Они́
7. Он
8. Она́
9. Я
10. Они́

2. Look at the picture below. Move the star to the X telling the directions. Use second-person singular forms of the verbs in imperative mood.

Ex.: Иди́ пря́мо.

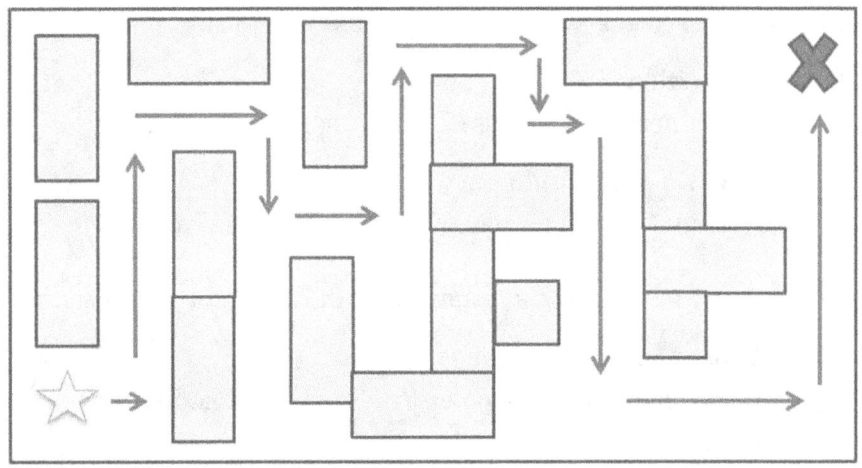

3. Vo´va (Во´ва) needs to meet some friends in the park, the theater, the café and the airport. But he does not know how to get there. Read about where the places are, pick a question that Во´ва should ask and choose how he can get there in less time (there can be more than one correct answers).

1. Парк нахо´дится в двух киломе´трах от Во´вы.

   A question:
   a) Как дойти´ до па´рка?   b) Как дое´хать до па´рка?

   How Во´ва should go:
   a) на маши´не   b) пешко´м   c) на по´езде

2. Теа´тр нахо´дится в семи киломе´трах от Во´вы.

   A question:
   a) Как добра´ться до теа´тра?   b) Как дойти´ до теа´тра?

   How Во´ва should go:
   a) на авто´бусе   b) пешко´м   c) на самолёте

3. Кафе́ нахо́дится в трёх стах ме́трах от Во́вы.

A question:
a) Как дое́хать до кафе́? b) Как дойти́ до кафе́?

How Bo´вa should go:
a) пешко́м b) на маши́не c) на ло́дке

4. Аэропо́рт нахо́дится в двадцати́ киломе́трах от Во́вы.

A question:
a) Как дое́хать до аэропо́рта́? b) Как добра́ться до аэропо́рта?

How Bo´вa should go:
a) на такси́ b) на самолёте c) на авто́бусе

4. Read the text below and fill in the gaps with correct endings.

Кристи́на и Са́ша жив…. (1. жить) и в Санкт-Петербу́рге. На выходны́х они́ обы́чно ход…. (2. ходи́ть) по магази́нам, смотр…. (3. смотре́ть) фи́льмы в кинотеа́тре или ката́…..ся (4. ката́ться) на велосипе́дах в па́рке. Сего́дня суббо́та, и ребя́та хот…. (5. хоте́ть) сде́лать что-то друго́е. Они́ реша́…. (6. решать) пое́хать в Моску́ и посмотре́ть достопримеча́тельности. Кристи́на покупа́…. (7. покупа́ть) биле́ты на по́езд в Интерне́те. Са́ша паку́….. (8. пакова́ть) чемода́ны. Их по́езд отправля́…… (9. отправля́ться) в 12:00. В 10:30 утра́ они́ сад……… (10. сади́ться) на авто́бус и е́д….. (11. е́хать) на вокза́л. На вокза́ле они́ ид…… (12. идти́) в магази́н. Кристи́на покупа́…. (13. покупа́ть) журна́л, а Са́ша покупа́….. (14. покупа́ть) я́блоки. В 11:50 приезжа́….. (15. приезжа́ть) по́езд. Ребя́та сад….. (16. сади́ться) на по́езд и отправля́….. (17. отправля́ться) в путь.

5. Which of the following are NOT subdivisions of the Russian Federation?

| край | гра́фство | о́бласть | респу́блика | штат |
| префекту́ра | автоно́мный о́круг | | го́род федера́льного значе́ния | |

Здо́рово! / Great!

Glossary / Словарь

Russian	Transliteration	English
авто́бус, m	[afto´bus]	a bus
автоно́мная о́бласть	[aftano´mnaya o´blast']	an autonomous oblast
автоно́мный о́круг	[aftano´mnyi o´kruk]	an autonomous okrug
акти́вный, adj m	[akti´vnyi]	active
архите́ктор, m	[archite´ktar]	an architect
аэропо́рт, m	[aerapo´rt]	an airport
бага́ж, m	[baga´sh]	luggage
библиоте́ка, f	[bibliate´ka]	a library
биле́т, m ~ на (самолёт, авто́бус) ~ в (теа́тр, музе́й)	[bile´t]	a ticket a plane, bus ~ a ~ to the theater / museum
Вам ну́жно +inf	[Vam nu´zhna…]	You need to…
велосипе́д, m	[vilasipe´t]	a bicycle
вертолёт, m	[virtalyo´t]	a helicopter
взлета́ть я взлета́ю, он взлета́ет, они́ взлета́ют	[vzlita´t] [ya vzlita´yu, on vzlita´yit, ani´ vzlita´yut]	to get off, to fly up I get off, he gets off, they get off
води́ть маши́ну	[vadi´t' mashi´nu]	to drive a car

я вожу́, он во́дит, они во́дят	[ya vazhu´, on vo´dit, ani´ vo´dyat]	I drive, he drives, they drive
вокза́л, m	[vagza´l]	a station
вы (ты, я, он, они) на ме́сте	[vy (ty, ya, on, ani´) na me´sti]	You, I, they have / He has reached the destination
вы́веска, f	[vy´viska]	a board sign
вы́йти на остано́вке + (a name)	[vy´iti na astano´vki…]	get off at (a name)
галере́я, f	[galire´ya]	a gallery
го́род федера́льного значе́ния	[go´rat fidira´l'nava znache´niya]	a city of federal importance
го́род, m	[go´rat]	a city, a town
до́ма	[do´ma]	at home
дое́хать до + (a place in gen)	[dae´khat' da…?]	go to (a place in gen)
дойти́ до + (a place in gen)	[daiti´ da…]	go to (a place in gen)
дом, m	[dom]	a house, a home
достопримеча́тельность, f	[dastaprimicha´til'nast']	an attraction, a sight
друго́й, adj m	[drugo´i]	other, another, different
е́хать на + prep я е́ду, он е́дет, они е́дут	[ye´khat' na…] [ya ye´du, on ye´dit, ani´ ye´dut]	to go (by wheeled transport)

		I go, he goes, they go
Евро́па, f	[Yivro´pa]	Europe
жена́, f	[zhina´]	a wife
жить я живу́, он живёт, они живу́т	[zhit'] [ya zhivu´, on zhivyo´t, ani´ zhivu´t]	to live I live, he lives, they live
жить в + prep жить в го́роде	[zhit' v] [zhit' v go´radi]	to live to live in a town / city
журна́л, m	[zhurna´l]	a magazine
зал ожида́ния	[zal azhida´niya]	a waiting room
зате́м	[zate´m]	after that
зоопа́рк, m	[zaapa´rk]	a zoo
Как добра́ться до + (a place in gen)?	[Kak dabra´tsa da…?]	How do I get to…?
Как дое́хать до + (a place in gen)	[Kak dae´khat' da…?]	How do I get to …? (by transport)
Как дойти́ до + (a place in gen)*?	[Kak daiti´ da…?]	How do I get to…? (on foot)
Как пройти́ к + (a place in dat)*?	[Kak praiti´ k…?]	How do I get to…? (on foot)
ката́ться я ката́юсь, он ката́ется, они ката́ются	[kata´tsa] [ya kata´yus', on kata´itsa, ani´ kata´yutsa]	to ride, to drive (for fun)

		I ride, he rides, they ride
ката́ться на велосипе́де	[kata´tsa na vilasipe´di]	to ride a bike (for fun)
кафе́, n	[kafe´]	a café
киломе́тр, m	[kilame´tar]	a kilometer
кинотеа́тр, m	[kinatia´tr]	a movie theater
кора́бль, m	[kara´bl']	a ship
край, m	[kra´i]	a krai
лете́ть я лечу́, он лети́т, они летя́т	[lite´t'] [ya lichu´, on liti´t, ani´ litya´t]	to fly I fly, he flies, they fly
ло́дка, f	[lo´tka]	a boat
метр, m	[metar]	a meter
метро́, n	[mitro´]	subway
минивэ́н, m	[minive´n]	a minivan
Москва́, f	[Maskva´]	Moscow
муж, m	[mush]	a husband
музе́й, m	[muze´j]	a museum
находи́ться я нахожу́сь, он нахо́дится, они нахо́дятся	[nakhadi´tsa] [ya nakhazhu´s', on nakho´ditsa, ani´ nakho´dyatsa]	to be situated I am situated, he is situated, they are situated
находи́ться в *(a cardinal number in prep. case)*	[nakhadi´tsa v *(tryo´kh stakh)* me´trakh / kilame´trakh]	to be situated (a number) meters /

ме́трах / киломе́трах от… Ex.: находи́ться в трёхстах (300) метрах от па́рка		kilometers from…
никто́	[nikto´]	nobody, no one
о́бласть, f	[o´blast']	an oblast
о́тдых, m	[o´tdykh]	a rest, a vacation
отправля́ться я отправля́юсь, он отправля́ется, они отправля́ются	[atpravlya´tsa] [ya atpravlya´yus', on atpravlya´itsa, ani´ atpravlya´yutsa]	to go, to set forth, to departure I go, he goes, they go
отправля́ться в путь	[atpravlya´tsa f put']	to start on a trip
пакова́ть + acc я паку́ю, он паку́ет, они паку́ют	[pakava´t'] [ya paku´yu, on paku´yet, ani´ paku´yut]	to pack I pack, he packs, they pack
парк, m	[park]	a park
перейти́ доро́гу	[pirijti´ daro´gu]	cross the road
пешко́м идти́ ~	[pishko´m] [iti´ pishko´m]	on foot to go on foot / to walk
пикни́к, m	[pikni´k]	a picnic
пла́вать на + prep я пла́ваю, он пла́вает, они пла́вают	[pla´vat' na]	to go by, to sail
плани́ровать	[plani´ravat']	to plan

я плани́рую, он плани́рует, они́ плани́руют	[ya plani´ruyu, on plani´ruyet, ani´ plani´ruyut]	I plan, he plans, they plan
по́езд, m	[po´izd]	a train
по́сле	[po´sli]	after
поверну́ть нале́во	[pavirnut' nale´va]	turn left
поверну́ть напра́во	[pavirnu´t' napra´va]	turn right
покупа́ть + acc я покупа́ю, она́ покупа́ет, они́ покупа́ют	[pakupa´t'] [ya pakupa´yu, ana´ pakupait, ani´ pakupa´yut]	to buy I buy, she buys, they buy
получа́ть + acc я получа́ю, он получа́ет, они получа́ют	[palucha´t'] [ya palucha´yu, on palucha´it, ani´ palucha´yut]	to receive I receive, he receives, they receive
поса́дка, f	[pasa´tka]	boarding
поса́дочный талон, m	[pasa´dachnyi talo´n]	a boarding pass
посеща́ть + gen я посеща́ю, он посеща́ет, они посеща́ют	[pasishcha´t'] [ya pasishcha´yu, on pasishcha´it, ani´ pasishcha´yut]	to visit I visit, he visit, they visit
посеща́ть друзе́й	[pasishcha´t' druze´i]	to visit friends
посмотре́ть, смотре́ть	[pasmatre´t', smatre´t']	to look at, to see, to watch
пото́м	[pato´m]	then
приезжа́ть я приезжа́ю, он приезжа́ет, они приезжа́ют	[priyizzha´t'] [ya priizzh´yu, on priizzha´yit, ani´ priizzha´yut]	to come, to arrive

		I come, he comes, they come
пройти́ пря́мо	[prajti´ prya´ma]	go straight ahead
расстоя́ние, n	[rastaya´niye]	a distance
ребя́та	[ribya´ta]	guys
респу́блика, f	[rispu´blika]	a republic
рестора́н, m	[ristara´n]	a restaurant
реша́ть я реша́ю, он реша́ет, они реша́ют	[risha´t'] [ya risha´yu, on risha´it, ani´ risha´yut]	to decide I decide, he decides, they decide
сади́ться я сажу́сь, он сади́тся, они садя́тся	[sadi´tsa] [ya sazhu´s', on sadi´tsa, ani´ sadya´tsa]	to sit down I sit down, he sits down, they sit down
сади́ться на + acc ~ на авто́бус	[sadi´tsa na (afto´bus)]	to take (a bus)
сади́ться у + gen сади́ться у прохо́да	[sadi´tsa u]	to sit down by ~ the aisle
Санкт-Петербу́рг, m	[Sankt-Pitirbu´rk]	Saint-Petersberg
сдава́ть + acc я сдаю́, он сдаёт, они сдаю́т	[sdava´t'] [ya zdayu´, on zdayo´t, ani´ zdayu´t]	to give away, to hand over, to drop (luggage) I drop, he drops, they drop

се́сть на + (a mean transport in acc*)	[sye´st´ na…]	take (a mean transport in acc)
сего́дня	[sivo´d'nya]	today
семья́	[sim'ya´]	a family
сно́ва	[sno´va]	again
стоя́ть я стою́, он стои́т, они стоя́т	[staya´t'] [ya stayu´, on stai´t, ani´ staya´t]	to stand I stand, he stands, they stand
суперма́ркет, m	[supirma´rkit]	a supermarket
такси́, n	[taksi´]	a taxi
там	[tam]	there
теа́тр, m	[tia´tr]	a theater
у + gen у окна́, у теа́тра, etc	[u]	at, by by the window, at the theater
уви́деть я уви́жу, он уви́дит, они уви́дят	[uvi´dit'] [ya uvi´zhu, on uvi´dit, ani´ uvi´dyat]	to see (perfective aspect) I will see, he will see, they will see
учи́ться ~ в (университе́те / шко́ле) ~ на (инжене́ра / юри́ста)	[uchi´t'sya]	to study ~ at (university / school)

		~ to be (an engineer / a lawyer)
фильм, m	[fil'm]	a film
хоте́ть я хочу́, он хо́чет, они́ хотя́т	[khate't'] [ya khachu', on kho'chit, ani' khatya't]	to want I want, he wants, they want
хоте́ть стать + instr	[khate't' sta't']	to want to become
Че́рез … ме́тров + verb in second-person imperative mood Че́рез сто ме́тров поверни́(те) напра́во	[Che'riz … me'traf…]	In … meters + verb in second-person imperative mood
чемода́н, m	[chimada'n]	a suitcase

10.

What do you like to do? / Чем ты любишь заниматься?

Dasha (Да́ша) and Nastya (На́стя) are new friends. They are going to spend the weekends together, but they cannot decide what to do. Read the dialogue below to find out what they have in common and what they finally decide to do.

> Да́ша, чем ты хо́чешь заня́ться?
> [Da´sha, chem ty kho´chish zanya´tsa?]
> Dasha, what do you want to do?

> Как насчёт того́, что́бы пойти́ в кино́? Я люблю́ смотре́ть фи́льмы. Осо́бенно детекти́вы.
> [Kak nashchyo´t tavo´, shto´by paiti´ f kino´? Ya lyublyu´ smatre´t' fi´l'my. Aso´binna dytykti´vy].
> What about going to the cinema? I like watching films. Escpecially detectives.

> Я бы сходи́ла в бо́улинг. Я люблю́ акти́вный о́тдых. Что ду́маешь?
> [Ya by skhadi´la f bo´uling. Ya lyublyu´ akti´vnyi o´tdykh. Shto du´maish?]
> I'd go to play bowling, I like spending time in an active way. What do you think?

> **Мне не нра́вится бо́улинг. Мо́жет, поигра́ем в волейбо́л в па́рке? Я люблю́ игра́ть в спорти́вные и́гры.**
> [Mne ni nra´vitsa bo´uling. Mo´zhit, paigra´im v valiybo´l f pa´rki? Ya lyublyu´ igra´t' f sparti´vnyi i´gry]
> I do not like bowling. Shall we play voleyball in the park? I like playing sports.

> **Сего́дня дождли́во. Дава́й схо́дим в галере́ю? Там вы́ставка моего́ люби́мого худо́жника.**
> [Sivo´dnya dazhdli´va. Dava´i skho´dim v galire´yu? Tam vy´stafka maivo´ lyubi´mava khudo´zhnika.]
> It's rainy today. Let's go to the gallery. They run an exhibition of my favourite artist.

> **Дава́й! Я о́чень люблю́ иску́сство.**
> [Dava´i! Ya o´chen' lyublyu´ isku´stva.]
> Let's do it! I like art very much.

Hobbies / Хо́бби

Do you have any hobbies? What are they? Do you prefer calm or dynamic activities? Why?

1. Match the verbs to the nouns to make phrases.

1. игра́ть в   a) па́рке
2. гуля́ть в   b) иностра́нные языки́
3. игра́ть на   c) карти́ны

4. рисова́ть
5. учи́ть
6. фотографи́ровать
7. печь
8. занима́ться
9. бе́гать по
10. лови́ть
11. игра́ть в

d) приро́ду
e) то́рты
f) гита́ре
g) волейбо́л
h) спо́ртом
i) стадио́ну
j) ры́бу
k) компью́терные и́гры

2. Divide the activities from the previous exercise into two groups: inside and outside activities, and fill in the table below.

Inside activities	Outside activities

Which of the activities do you find the most interesting? Which of them have you tried and which you would like to try?

Read about four people introducing themselves.

Приве́т. Меня́ зову́т Окса́на. Мне 27 лет. Я живу́ в Москве́. Я худо́жник. Я рабо́таю в карти́нной галере́е. У меня́ мно́го друзе́й. В свобо́дное вре́мя мы хо́дим на стадио́н и

Приве́т. Я — Родри́го. Мне 32 го́да. Я из Испа́нии, но сейча́с я живу́ в Санкт-Петербу́рге. Я студе́нт. Учу́ ру́сский язы́к в университе́те. Я люблю́ иностра́нные языки́. Я уже́

игра́ем в футбо́л. Это о́чень ве́село.

зна́ю три языка́: англи́йский, португа́льский и италья́нский. И, коне́чно, я ещё говорю́ по-испа́нски.

Здра́вствуйте! Меня́ зову́т Э́мма. Я из Великобрита́нии. Я живу́ в Ло́ндоне. Моя́ ма́ма ру́сская, поэ́тому я уме́ю говори́ть по-ру́сски. Я рабо́таю инжене́ром в строи́тельной компа́нии. В свобо́дное вре́мя я фотографи́рую приро́ду и пеку́ то́рты.

Приве́т! Меня́ зову́т Чжень Ли. Я — кита́ец. Сейча́с я живу́ в Пеки́не, но ча́сто приезжа́ю в Росси́ю. Я — перево́дчик. Я говорю́ по-кита́йски, по-ру́сски и по-англи́йски. В свобо́дное вре́мя я не учу́ языки́. Я люблю́ спорт и компью́терные и́гры. А ещё я ча́сто гото́влю ра́зные блю́да кита́йской ку́хни. Мне э́то о́чень нра́вится.

3. Use the texts above to fill in the table.

Окса́на	Родри́го
Страна́: *Россия* **Во́зраст:** *27 лет* **Рабо́та:** *художник в картинной галерее* **Хо́бби:** *играть в футбол*	**Страна́:** **Во́зраст:** **Рабо́та:** **Хо́бби:**
Э́мма	Чжень Ли
Страна́: **Во́зраст:** **Рабо́та:** **Хо́бби:**	**Страна́:** **Во́зраст:** **Рабо́та:** **Хо́бби:**

TALKING ABOUT HOBBIES

Я люблю́ + inf/ acc	[Ya lyublyú…]	I like to…
Мне нра́вится + inf/ acc	[Mne nrávitsa…]	
В свобо́дное вре́мя я	[F svabódnaye vre´mya ya…]	In my free time I…
Я увлека́юсь + instr	[Ya uvlika´yus']	I'm keen on sth

Let's look at some examples below:
- Я люблю́ игра́ть в компью́терные и́гры.
- Я люблю́ компью́терные и́гры.
- Мне нра́вится гуля́ть в па́рке.
- Мне нра́вится му́зыка. *(third-person singular)*
- Мне нра́вятся кни́ги. *(third-person plural)*
- В свобо́дное вре́мя я игра́ю на гита́ре или хожу́ по магази́нам.
- Я увлека́юсь му́зыкой, спо́ртом и иску́сством.

Although the literal translation of the phrase "Я люблю́" will be "I love" (For example: "I love you" in Russian will be "Я тебя́ люблю́"), when used in connection with hobbies its meaning is closer to "I like". If you want to emphasize that you really love doing something you can say:
- **Я о́чень люблю́**. For example: Я о́чень люблю́ печь то́рты

or
- **Я обожа́ю** [abazha´yu] adore. For example: Я обожа́ю бе́гать по утра́м.

ASKING ABOUT HOBBIES:

Како́е у тебя́ хо́бби?	[Kako´ye u tibya´ ho´bbi?]	What is your hobby?
У тебя́ есть хо́бби?	[U tibya´ yest' ho´bbi?]	Do you have a hobbie?
Чем ты занима́ешься в свобо́дное вре́мя?	[Chem ty zanima´ishsya f svabo´dnaye vre´mya?]	What do you do when you have free time?
Чем ты лю́бишь занима́ться?	[Chem ty lyu´bish zanima´t'sya?]	What do you like to do?
Чем ты увлека́ешься?	[Chem ty uvlika´ishsya?]	What are you keen on?

The word "хо́бби" does not have a plural form and does not inflect for cases. For example:

- **Моё хо́бби – му́зыка.** [Mayo´ ho´bbi - mu´zyka] My hobby is music.
- **У меня́ мно́го хо́бби.** [U menya´ mno´ga ho´bbi] I have got many hobbies.

When you **ask** what other person's hobby is you use **second-person singular** (informal / polite) or **plural** forms of the verb.

GRAMMAR. Second-person singular and plural in the Present tense

The verbs **in second-person singular (informal)** in the Present tense usually end with "**-ешь**" (-ишь), "**-ишься**" (-ешься). These endings replace infinitive endings, such as

- -ать, -ять, -ить, -еть (replaced with –ешь / -ишь),
- -аться, -иться, яться (replaced with –ешься / -ишься).

Note that in second-person singular verbs there is always "**ь**" after "**ш**".

The verbs **in second-person plural and polite singular** (вы [vy] you) in the Present tense usually end with "**-ите**" (-ете), "**-итесь**" (-етесь). These endings replace infinitive endings, such as

- -ать, -ять, -ить, -еть (replaced with –ите (-ете),
- -аться, -иться, -яться (replaced with –итесь (-етесь).

Positive sentences:

- Ты + игра́ть → **Ты игра́ешь** [Ty igra´yesh] You play *(informal)*
- Ты + стоя́ть → **Ты стои́шь** [Ty stai´sh] You are standing *(informal)*
- Ты + нра́виться → **Ты нра́вишься** [Ty nra´vishsya] You are liked *(informal)*
- Вы + бе́гать → **Вы бе́гаете** [Vy be´gaiti] You run *(plural / polite singular)*

- Вы + учи́ть → **Вы у́чите** [Vy u´chiti] You learn / teach *(plural / polite singular)*
- Вы + одева́ться → **Вы одева́етесь** [Vy adiva´itis'] You get dressed *(plural / polite singular)*

Negative sentences:

To make a **negative** sentence in the **Present tense** you need to add "**не**" before a verb in the **second-person singular or plural form**. For example:

- Ты + игра́ть → **Ты не игра́ешь** [Ty ni igra´yesh] You do not play *(informal)*
- Ты + стоя́ть → **Ты не стои́шь** [Ty ni stai´sh] You are not standing *(informal)*
- Ты + нра́виться → **Ты не нра́вишься** [Ty ni nra´vishsya] You are not liked *(informal)*
- Вы + бе́гать → **Вы не бе́гаете** [Vy ni be´gaiti] You do not run *(plural / polite singular)*
- Вы + учи́ть → **Вы не у́чите** [Vy ni u´chiti] You do not learn / teach *(plural / polite singular)*
- Вы + одева́ться → **Вы не одева́етесь** [Vy ni adiva´itis'] You do not get dressed *(plural / polite singular)*

Questions:

Questions are formed in the same way as positive and negative sentences. The only thing that is different is **intonation.** In questions the intonation is rising either on the question word or the word you ask about. For example:

- **Вы** игра́ете на гита́ре? means "Do **you** play the guitar?"
- Ты **игра́ешь** на гитаре? means "Do you **play** the guitar?"
- Вы игра́ете на **гита́ре**? means "Do you play the **guitar**?"
- **Что** ты лю́бишь? means "**What** do you like?"

4. Match the questions to the answers.

1. Что ты де́лаешь в свобо́дное вре́мя?
2. Ты лю́бишь игра́ть в спорти́вные и́гры?
3. У тебя́ мно́го хо́бби?
4. В кото́ром часу́ ты гуля́ешь в па́рке?
5. Ты бе́гаешь по утра́м?
6. Чем ты занима́ешься по вечера́м?
7. Ты фотографи́руешь живо́тных?
8. Что ты ло́вишь?
9. Каки́е иностра́нные языки́ ты у́чишь?
10. Ты живёшь в Москве́?

a) Нет, я живу́ во Владивосто́ке.
b) Да. Люблю́ фотографи́ровать соба́к.
c) Нет. По утра́м я гуля́ю в па́рке.
d) Да. Я рису́ю, пою́ и игра́ю на гита́ре.
e) Да. Осо́бенно в футбо́л.
f) В свобо́дное вре́мя я хожу́ по магази́нам.
g) В оди́ннадцать часо́в утра́.
h) Ры́бу.
i) Ру́сский и неме́цкий.
j) Смотрю́ фи́льмы или встреча́юсь с друзья́ми.

Let's go to the cinema! / Дава́й схо́дим в кино́!

MAKING SUGGESTIONS:

Как насчёт + *noun in gen*	[Kak nashchyo´t…]	What about…
Как насчёт того, чтобы + *verb of perfective aspect*	[Kak nashchyo´t tavo´, shto´by…]	
Дава́й + *verb in 1st person plural*	[Dava´i…]	Let's…
Может, + *verb in 1st person plural*	[Mo´zhit,….]	Shall we…

Below you will find some examples of how you could suggest that you and your friend/-s went for a walk in the park:

- Как насчёт **прогу́лки** в па́рке? (прогу́лка – a noun)
- Как насчёт того́, что́бы **погуля́ть** в па́рке? (погуля́ть – a verb of perfective aspect)
- Дава́й(-те) **погуля́ем** в па́рке? (погуля́ем – a first-person plural form of the verb)
- Мо́жет, **погуля́ем** в па́рке? (погуля́ем – a first-person plural form of the verb)

Let's have a look at some more examples. This time we'll be suggesting going to the cinema:

- Как насчёт **кафе́**? (кафе́ – a noun)
- Как насчёт того́, что́бы **сходи́ть** в кафе́? (сходи́ть – a verb of perfective aspect)
- Дава́й(-те) **схо́дим** в кафе́? (схо́дим – a first-person plural form of the verb)
- Мо́жет, **схо́дим** в кафе́? (схо́дим – a first-person plural form of the verb)

In the set of examples above the verb "**сходи́ть**" can be replaced with a synonym "**пойти́**" (a first-person plural form will be "**пойдём**". See below for detail).

To agree with the suggestion, we can say:
- **Дава́й**! [Dava´i!] Let's do this!
- **Отли́чная иде́я**! [Atli´chnaya ide´ya!] Great idea!
- **Я не про́тив**! [Ya ni pro´tif!] I don't mind it!

GRAMMAR. First-person plural in the Present tense

The verbs **in first-person plural** (мы [my] we) in the Present tense usually end with "**-им**" (**-ем/-ём**), "**-имся**" (**-емся/-ёмся**). These endings replace infinitive endings, such as
- **-ать, -ять, -ить, -еть** (replaced with **–им (-ем/-ём)**,
- **-аться, -иться, -яться** (replaced with **–имся (-емся/-ёмся)**.

Positive sentences:
- Мы + гуля́ть → **Мы гуля́ем** [My gulya´yim] We are walking
- Мы + хоте́ть → **Мы хоти́м** [My khati´m] We want
- Мы + занима́ться спо́ртом → **Мы занима́емся спо́ртом** [My zanima´imsya spo´rtam] We do sports

Negative sentences:

To make a **negative** sentence in the **Present tense** you need to add "**не**" before a verb in the **first-person plural form**. For example:
- Мы + гуля́ть → **Мы не гуля́ем** [My ni gulya´yim] We are not walking
- Мы + хоте́ть → **Мы не хоти́м** [My ni khati´m] We do not want
- Мы + занима́ться спо́ртом → **Мы не занима́емся спо́ртом** [My ni zanima´imsya spo´rtam] We do not do sports

Questions:

Questions are formed in the same way as positive and negative sentences. The only thing that is different is **intonation.** In questions the intonation is rising either on the question word or the word you ask about. For example:
- **Мы** гото́вим обе́д? means "Do **we** make lunch?"
- Мы **гото́вим** обе́д? means "Do we **make** lunch?"
- Мы гото́вим **обе́д**? means "Do we make **lunch**?
- **Что** мы гото́вим? means "**What** do we make?"

Remember that in the Russian language the Present tense has just one aspect. The sentences *"We play football"* and *"We are playing football"* in Russian will be the same: "**Мы игра́ем в футбо́л**". If you want to emphasize that some action is happening right now you will need to say something like "**сейча́с**" ([sicha´s] now), "**пря́мо сейча́с**" ([prya´ma sicha´s] right now), "**в э́тот са́мый моме́нт**" ([v e´tat sa´myi mame´nt] at this very moment):

- We play football → Мы игра́ем в футбо́л.
- We <u>are playing</u> football → <u>Пря́мо сейча́с</u> мы игра́ем в футбо́л.
- We watch films → Мы смо́трим фи́льмы.
- We <u>are watching</u> a film → <u>Сейча́с</u> мы смо́трим фильм.
- We go to the park → Мы хо́дим в парк.
- We <u>are going</u> to the park → <u>В э́тот са́мый моме́нт</u> мы идём в парк.

Review the table below to see how the verbs change in the Present tense depending on the pronoun they relate to.

Infinitive	First-person	Second-person	Third-person
Игра́ть	*Sg.* **Я** Игра́<u>ю</u> *Pl.* **Мы** игра́<u>ем</u>	*Sg.* **Ты** игра́<u>ешь</u> *Pl./FSg.* **Вы** игра́<u>ете</u>	*Sg.* **Он** игра́<u>ет</u> *Pl.* **Они́** игра́<u>ют</u>

Гуля́ть	Sg. Я гуля́ю Pl. Мы гуля́ем	Sg. Ты гуля́ешь Pl./FSg. Вы гуля́ете	Sg. Он гуля́ет Pl. Они́ гуля́ют
Рисова́ть	Sg. Я рису́ю Pl. Мы игра́ем	Sg. Ты рису́ешь Pl./FSg. Вы рису́ете	Sg. Он рису́ет Pl. Они́ рису́ют
Учи́ть	Sg. Я учу́ Pl. Мы у́чим	Sg. Ты у́чишь Pl./FSg. Вы у́чите	Sg. Он у́чит Pl. Они́ у́чат
Печь	Sg. Я пеку́ Pl. Мы печём	Sg. Ты печёшь Pl./FSg. Вы печёте	Sg. Он печёт Pl. Они́ пеку́т
Бе́гать	Sg. Я бе́гаю Pl. Мы бе́гаем	Sg. Ты бе́гаешь Pl./FSg. Вы бе́гаете	Sg. Он бе́гает Pl. Они́ бе́гают
Лови́ть	Sg. Я ловлю́ Pl. Мы ло́вим	Sg. Ты ло́вишь Pl./FSg. Вы ло́вите	Sg. Он ло́вит Pl. Они́ ло́вят
Занима́ться	Sg. Я занима́юсь Pl. Мы занима́емся	Sg. Ты занима́ешься Pl./FSg. Вы занима́етесь	Sg. Он занима́ется Pl. Они́ занима́ются
Люби́ть	Sg. Я люблю́	Sg. Ты лю́бишь	Sg. Он лю́бит

	Pl. **Мы** лю́бим	*Pl./FSg.* **Вы** лю́бите	*Pl.* **Они́** лю́бят
Нра́виться	*Sg.* **Я** нра́влюсь *Pl.* **Мы** нра́вимся	*Sg.* **Ты** нра́вишься *Pl./FSg.* **Вы** нра́витесь	*Sg.* **Он** нра́вится *Pl.* **Они́** нра́вятся

5. Practice writing correct endings of the verbs.

Ex. Мы сад…… (сади́ться) в авто́бус. → Мы сади́мся в авто́бус.

1. Ты хо́д… (ходи́ть) по магази́нам?
2. Вы говор….. (говори́ть) по-русски?
3. Я слуш…. (слу́шать) му́зыку.
4. Что вы де́ла…… (де́лать) сего́дня ве́чером?
5. Они́ рису́…. (рисова́ть) карти́ны.
6. Мы игра́….. (игра́ть) в компью́терные и́гры.
7. Вы лета́…… (лета́ть) на самолётах?
8. Ты покупа́…… (покупа́ть) маши́ну?
9. Мы паку́….. (пакова́ть) чемода́ны и лет….. (лете́ть) в Герма́нию.
10. Я гуля́…. (гуля́ть) с соба́кой.

It often snows in winter / Зимо́й ча́сто идёт снег

Which season is your favourite? What do you usually do in summer, in spring, in autumn and in winter? In Russia there is a saying "У приро́ды нет плохо́й пого́ды" [u priro´dy net plakho´i pago´dy] meaning that there is no such thing as bad weather. Do you agree with it? Why or why not?

6. Match the words to the pictures.

ле́то	о́сень	весна́	зима́

1. 2. 3. 4.

Read a short text below.

Я люблю́ все времена́ го́да. Зимо́й, когда́ на у́лице сне́жно, я ката́юсь на лы́жах в лесу́. Весно́й, когда́ на у́лице тепло́ и со́лнечно, я ката́юсь на велосипе́де в па́рке и́ли хожу́ с друзья́ми в похо́ды. Ле́том, когда́ на у́лице о́чень жа́рко, я гото́влю моло́чные кокте́йли и загора́ю у бассе́йна. О́сенью, когда́ на у́лице хо́лодно и дождли́во, я остаю́сь до́ма и игра́ю в компью́терные и́гры, смотрю́ фи́льмы и́ли рису́ю. Осо́бенно мне нра́вится рисова́ть приро́ду. О́сенью приро́да о́чень краси́вая.

7. Write down what the speaker does in each of the seasons. Use the table below.

Весна́	1
	2
Ле́то	1
	2
О́сень	1
	2
	3
Зима́	1

This is how you change the names of the seasons when you say "*in + a season* I do…":
- Весна́ → весно́й [visno´i] in spring
- Ле́то → ле́том [le´tam] in summer
- О́сень → о́сенью [o´sin'yu] in autumm
- Зима́ → зимо́й [zimo´i] in winter

8. Match the words to the pictures.

| сне́жно | о́блачно | ве́трено | дождли́во | со́лнечно | па́смурно |

TELLING THE WEATHER:

На у́лице со́лнечно (па́смурно, сне́жно, etc)	[Na u´litsy so´lnichna (pa´smurna, sne´zhna)]	It's sunny (cloudy, snowy) **outside**
Сего́дня со́лнечно (па́смурно, сне́жно, etc)	[Sivo´d'nya so´lnichna (pa´smurna, sne´zhna)]	It's sunny (cloudy, snowy) **today**
Там со́лнечно (па́смурно, сне́жно, etc)	[Tam so´lnichna (pa´smurna, sne´zhna)]	It's sunny (cloudy, snowy) **out there**
Идёт до́ждь	[Idyo´t do´shcht']	It's raining
Идёт снег	[Idyo´t snek]	It's snowing

9. Complete the sentences so that they were true for you.

1. Когда́ на у́лице тепло́, я
   _____

2. Когда́ на у́лице идёт до́ждь, я
   _____

3. Когда́ на у́лице па́смурно, я
   _____

4. Когда́ на у́лице ве́трено, я
   _____

5. Когда́ на у́лице жа́рко, я
   _____

6. Когда́ на у́лице хо́лодно, я
   _____

7. Когда́ на у́лице тепло́, я
   _____

8. Когда́ идёт снег, я
   _____

9. Зимо́й я ча́сто
   _____

10. Ле́том я никогда́
    _____

11. О́сенью я обы́чно
    _____

12. Весно́й я иногда́
    _____

Now you can have some more practice with the exercises below. Feel free to refer to the module's contents, if needed.

 **Exercises / Упражнения**

1. Find 10 verbs and nouns related to hobbies.

З	П	Ы	Ф	У	Т	Б	О	Л	Е
З	П	Ы	Ф	У	Т	Б	О	Л	З
К	И	Н	О	Ф	Е	Е	К	Ж	Н	Ё
О	А	С	Т	Х	Л	Г	И	Г	Р	А
М	Ы	Ы	О	Ъ	Е	А	Ф	И	К	А
П	Ь	Д	Г	З	В	Т	Е	Т	А	Ф
Ь	Ж	Г	Р	Ф	И	Ь	П	А	Р	К
Ю	В	О	А	Ш	З	Р	Н	Р	Т	Л
Т	З	Р	Ф	Г	О	Ф	Р	А	И	Ы
Е	Ф	В	И	Г	Р	А	Т	Ь	Н	Р
Р	Л	Щ	Я	З	Ы	К	И	Ё	Ы	Л

2. Fill in the gaps with the correct pronouns.

она́ / он   ты   вы   я   мы   они́

1. _____ у́чит неме́цкий язы́к.
2. _____ живём в го́роде.
3. _____ покупа́ю карто́шку.
4. _____ ката́ются на велосипе́де.
5. _____ лети́те на самолёте.
6. _____ одева́ешься?
7. _____ лю́бят фру́кты.
8. _____ игра́ем на гита́ре.
9. _____ ́хочу́ есть.
10. _____ гото́вит обе́д.
11. _____ спи́те?
12. _____ рабо́таешь?

3. Make questions using the words from the list below.

Как насчёт	увлека́ться	Дава́й	Мо́жет
хо́бби	занима́ться	свобо́дное вре́мя	Как насчёт того́, что́бы

1.
2.
3.
4.
5.
6.
7.
8.

4. Translate the following sentences into Russian.

1. It's rainy today. →
2. It's cloudy out there. →
3. It's windy outside. →
4. It often rains in autumn. →
5. When it's sunny, I ride a bicycle in the park. →
6. It's snowy today. I do not want to play football. →
7. It never snows in summer. →
8. It's sometimes cold in spring. →
9. It's hot outside. I want to drink. →
10. It's cool today. →

5. Fill in the gaps with the correct verb endings.

1. Они́ лож…… (ложи́ться) спать.
2. Вы живё……. (жить) в США?
3. Вы уже́ отправля́…….. (отправля́ться) в путь?
4. Мы хот…. (хоте́ть) пойти́ в музе́й.
5. Ты чи́ст…….. (чи́стить) зу́бы у́тром и ве́чером?
6. Что вы смо́тр……. (смотре́ть)?
7. Мы гуля́….. (гуля́ть) в па́рке.
8. Он игра́…… (игра́ть) на фортепиа́но, а вы на чём игра…… (игра́ть)?
9. Я ви….. (ви́деть), ты не одева́……… (одева́ться).
10. Она́ печ…… (печь) торт, а я гото́вл….. (гото́вить) суп.
11. Мы гото́в…. (гото́вить) еду́.
12. Вы ед….. (есть) анана́сы?
13. Ты рабо́т…… (рабо́тать) в шко́ле?
14. Вы хот….. (хоте́ть) пое́хать в Евро́пу?
15. Мы зна́….. (зна́ть), кто это.

Так держать! / Keep going!

Glossary / Словарь

Russian	Transliteration	English
бассе́йн у бассе́йна	[basye´in]	a pool
бе́гать ~ в па́рке ~по стадио́ну я бе́гаю, мы бе́гаем, ты бе́гаешь, вы бе́гаете, он бе́гает, они́ бе́гают	[be´gat']	to run
бо́улинг, m	[bo´ulink]	bowling
в э́тот са́мый моме́нт	[f e´tat sa´myi mame´nt]	at this very moment
ве́село Это о́чень ве́село	[ve´sela]	fun It's so much fun
ве́трено	[ve´trina]	it's windy
весна́, f весно́й	[visna´] [visno´i]	spring in spring
волейбо́л игра́ть в ~	[valibo´l]	volleyball
вре́мя го́да, n pl. времена́ го́да	[vre´mya go´da] [vrimina´ go´da]	a season seasons
все	[fsye]	all
вы́ставка, f	[vy´stafka]	an exhibition
Дава́й + verb in 1st person plural	[Dava´i…]	Let's…
Дава́й!	[dava´i]	Let's do this
детекти́в, m	[dytykti´f]	a detective

до́ждь идёт до́ждь	[do´sht'] [idyo´t do´sht']	rain it rains
дождли́во	[dazhdli´va]	rainy
ду́мать я ду́маю, мы ду́маем, ты ду́маешь, вы ду́маете, он ду́мает, они́ ду́мают	[du´mat']	to think
жа́рко	[zha´rka]	it's hot
загора́ть я загора́ю, мы загора́ем, ты загора́ешь, вы загора́ете, он загора́ет, они́ загора́ют	[zagara´t']	to get tanned
зима́, f зимо́й	[zima´] [zimo´i]	winter in winter
знать + acc я зна́ю, мы зна́ем, ты зна́ешь, вы зна́ете, он зна́ет, они́ зна́ют	[znat']	to know
иде́я, f отли́чная ~	[ide´ya]	an idea a great idea
иностра́нный язы́к, m	[inastra´nyi yazy´k]	a foreign language
иску́сство, n	[isku´stva]	art
Как насчёт + noun in gen	[Kak nashchyo´t…]	What about…
Как насчёт того́, что́бы + verb of perfective aspect	[Kak nashchyo´t tavo´, shto´by…]	What about…
карти́на, f	[karti´na]	a painting

ката́ться на лы́жах я ката́юсь, мы ката́емся, ты ката́ешься, вы ката́етесь, он ката́ется, они́ ката́ются	[kata´tsa na ly´zhakh]	to ski
когда́	[kagda´]	when
компа́ния	[kampa´niya]	a company
компью́терная игра́ игра́ть в компью́терные и́гры	[kamp'yu´tyrnaya igra´]	a computer game play computer games
коне́чно	[kane´shna]	of course
краси́вый, adj m	[krasi´vyi]	beautiful
ку́хня кита́йская ~	[ku´khnya]	a kitchen, a cuisine Chinese cuisine
ле́то, n ле́том	[le´ta] [le´tam]	summer in summer
лес в лесу́	[les] [v lisu´]	wood in the wood
лови́ть ~ ры́бу я ловлю́, мы ло́вим, ты ло́вишь, вы ло́вите, он ло́вит, они́ ло́вят	[lavi´t']	to catch ~ fish
люби́мый, adj m	[lyubi´myi]	favourite
мне нра́вится + inf / acc	[mne nra´vitsa]	I like / I like to
мно́го + gen	[mno´ga]	a lot of, many
Мо́жет, + verb in 1st person plural	[Mo´zhit,….]	Shall we…

моло́чный кокте́йль	[malo´chnyi kakte´l']	a milkshake
о́блачно	[o´blachna]	it's cloudy
о́сень, f	[o´sin']	autumn
о́сенью	[o´sin'yu]	in autumn
осо́бенно	[aso´bina]	especially
остава́ться я остаю́сь, мы остаёмся, ты остаёшься, вы остаётесь, он остаётся, они́ остаю́тся	[astava´tsa]	to stay
остава́ться до́ма	[astava´tsa do´ma]	to stay at home
па́смурно	[pa´smurna]	it's dreary
перево́дчик, m	[pirivo´chik]	a translator
печь я пеку́, мы печём, ты печёшь, вы печёте, он печёт, они́ пеку́т	[pech]	to bake
потому́ что	[patamu´shta]	because
поэ́тому	[pae´tamu]	that is why
приро́да, f	[priro´da]	nature
прохла́дно	[prakhla´dna]	cool (weather)
пря́мо сейча́с	[prya´ma sicha´s]	right now
рисова́ть я рису́ю, мы рису́ем, ты рису́ешь, вы рису́ете, он рису́ет, они́ рису́ют	[risava´t']	to draw, to paint
ры́ба, f	[ryba]	fish

свобо́дное вре́мя, n	[svabo´dnaye vre´mya]	free time
сейча́с	[sicha´s]	now
сне́жно	[sne´zhna]	it's snowy
снег	[snek]	snow
идёт снег	[idyo´t snek]	it snows
со́лнечно	[so´lnichna]	it's sunny
спорт	[sport]	sport
спорти́вные и́гры	[sparti´vnyi i´gry]	sport games
стадио́н, m	[stadio´n]	a stadium
тепло́	[tiplo´]	it's warm
торт, m	[tort]	a cake
увлека́ться + instr я увлека́**юсь**, мы увлека́**емся**, ты увлека́**ешься**, вы увлека́**етесь**, он увлека́**ется**, они́ увлека́**ются**	[uvlika´tsa]	to be keen on
уме́ть + inf я уме́**ю**, мы уме́**ем**, ты уме́**ешь**, вы уме́**ете**, он уме́**ет**, они́ уме́**ют**	[ume´t']	can, to know how to
учи́ть + acc я учу́, мы у́**чим**, ты у́**чишь**, вы у́**чите**, он у́**чит**, они́ у́**чат**	[uchi´t']	to learn, to teach
фортепиа́но, n	[fartepia´na]	a piano
фотогра́фия, f	[fatagra´fiya]	a photo, photography

фотографи́ровать ~приро́ду ~живо́тных я фотографи́ру**ю**, мы фотографи́ру**ем**, ты фотографи́ру**ешь**, вы фотографи́ру**ете**, он фотографи́ру**ет**, они́ фотографи́ру**ют**	[fatagrafi´ravat']	to photograph ~ nature ~ animals
хо́бби, n	[kho´bbi]	a hobby
хо́лодно	[kho´ladna]	it's cold
ходи́ть в похо́д я хожу́, мы хо́**дим**, ты хо́**дишь**, вы хо́**дите**, он хо́**дит**, они́ хо́**дят**	[khadi´t' f pakho´t]	to go camping
худо́жник, m	[khudo´zhnik]	an artist
я люблю́ + inf / acc	[ya lyublyu´]	I like / I like to
я не про́тив + *verb/gen*	[ya ni pro´tif]	I do not mind

11.

She has got a beautiful face / У неё красивое лицо

Read the short diaogue below.

Приве́т, Лёша! Как дела́? Что ты здесь де́лаешь?
[Prive´t, Lyo´sha! Kak dila´? Shto ty zde´s' de´laish?]
Hi, Lyosha! How are you? What are you doing here?

Привет, Ми́ла! Хорошо́. Я тут ищу́ свою́ сестру́. Ты не ви́дела её?
[Prive´t, Mi´la! Kharasho! Ya tut ishchu´ svayu´ sistru´. Ty ni vi´dila yiyo´?]
Hi Mila! Fine. I'm looking for my sister here. Haven't you seen her?

Я не зна́ю. А как она́ вы́глядит?
[Ya ni zna´yu. A kak ana´ vy´glidit?]
I do not know. What does she look like?

У неё дли́нные све́тлые во́лосы, больши́е зелёные глаза́, кру́глое лицо и прямо́й нос. На ней кра́сное пла́тье и чёрные ту́фли.
[U niyo´ dli´nyi sve´tlyi vo´lasy, bal'shi´I zilyo´nyi glaza´, kru´glaye litso´ i primo´i nos. Na ne´I kra´snae pla´t'ye i cho´rnye tu´fli.]
She's got long bright hair, big green eyes, round face and straight nose. She's wearing red dress and black shoes.

Мне ка́жется, она́ вон в том большо́м магази́не.
[Mne ka´zhitsa ana´ von f tom bal'sho´m magazi´ni.]
I think she's inside that big shop.

Спаси́бо за по́мощь.
[Spasi´ba za po´mashch.]
Thank you for help.

Не́ за что.
[Ne´ za shto.]
Not at all.

1. Look at the body parts nouns below. Which of them are feminine, masculine and neuter? Which of them are singular and which are plural?

голова́	рука́	нос	лоб	у́хо	те́ло
во́лосы	нога́	глаз	гу́бы	рот	лицо́

In the Russian language the words "**рука́**" and "**нога́**" are used to name the entire body part, meaning that: "**рука́**" = "**hand + arm**" and "**нога́**" = "**feet + leg**"

2. Match the body parts to the adjectives that can be used to describe them.

1. Лицо́
2. Голова́
3. Во́лосы
4. Нос

a) Краси́вое
b) Дли́нные
c) Прямо́й
d) Больша́я

GRAMMAR. Adjectives in the Russian language

In the Russian language *adjectives* can be *feminine*, *masculine* and *neuter*; *singular* and *plural*. They also *inflect* for *cases*. A form of an adjective will depend on a form of the noun it relates to.

Gender and number of adjectives.

Each adjective can take on different genders, depeding on which gender the nouns belongs to. For example:
- Дли́нн**ый** нос (m)
- Дли́нн**ая** рука́ (f)
- Дли́нн**ое** те́ло (n)

Masculine singular adjectives end with "**-ий**", "**-ый**" and "**-ой**":
- Краси́в**ый** дом [krasi´vyi dom] a beautiful house
- Большо́**й** парк [bal'sho´I park] a big park
- Лу́чш**ий** музе́**й** [lu´chshii muze´i] the best museum

Feminine singular adjectives end with "**-ая**" and "**-яя**"":
- Краси́в**ая** де́вочка [krasi´vaya de´vachka] a beautiful girl
- Весе́нн**яя** пе́сня [vise´n'nyaya pe´s'nya] a spring song

Neuter singular adjectives end with "**-ое**" and "**-ее**":
- Краси́в**ое** лицо́ [krasi´vaye litso´] a beautiful face
- Весе́нн**ее** настрое́ние [vise´n'niye nastraye´nie] spring mood

Plural adjectives:

In plural all adjectives have the same endings: "**-ые**" and "**-ие**" with no dependance on the genders of the nouns:

- Больши́**е** дома [bal'shi´i dama´] big houses
- Больши́**е** де́вочки [bal'shi´i de´vachki] big girls
- Больши́**е** о́кна [bal'shi´i o´kna] big windows
- Дли́нн**ые** во́лосы [dli´nnyi vo´losy] long hair
- Дли́нн**ые** ру́ки [dli´nnyi ru´ki] long arms
- Дли́нн**ые** поля́ [dli´nnyi palya´] long fields

Adjectives and cases

When inflecting for cases adjectives change together with the nouns.

Case	Masculine sg		Feminine sg		Neuter sg		Plural
Nom	Большо́й Краси́вый Ле́тний	дом	Больша́я Ле́тняя	ку́хня	Большо́е Си́нее	мо́ре	Больши́е Краси́вые дома́
Gen	Большо́го Краси́вого Ле́тнего	до́ма	Большо́й Ле́тней	ку́хни	Большо́го Си́него	мо́ря	Больши́х Краси́вых домо́в
Dat	Большо́му Краси́вому Ле́тнему	до́му	Большо́й Ле́тней	ку́хне	Большо́му Си́нему	мо́рю	Больши́м Краси́вым дома́м
Acc	Большо́й Краси́вый Ле́тний	дом	Большу́ю Ле́тнюю	ку́хню	Большо́е Си́нее	мо́ре	Больши́е Краси́вые дома́
Instr	Больши́м Краси́вым Ле́тним	до́мом	Большо́й Ле́тней	ку́хней	Больши́м Си́ним	мо́рем	Больши́ми Краси́выми дома́ми

Prep	Большо́м Краси́вом Ле́тнем	до́ме	Большо́й Ле́тней	ку́хне	Большо́м Си́нем	мо́ре	Больши́х Краси́вых дома́х

3. Match the adjectives to make antonymous pairs:

1. Краси́вый
2. Большо́й
3. Высо́кий
4. Широ́кий
5. Прямо́й
6. Све́тлый
7. То́лстый
8. Счастли́вый
9. Бы́стрый
10. Чи́стый
11. Дли́нный
12. Но́вый

a) То́нкий
b) Тёмный
c) Ма́ленький
d) Гря́зный
e) Ни́зкий
f) Уро́дливый
g) Ме́дленный
h) Ста́рый
i) У́зкий
j) Гру́стный
k) Коро́ткий
l) Криво́й

4. Choose endings to make correct adj + noun phrases.

-ое	-ая	-ый	-ые

1. Гря́зн____ ру́ки
2. Бы́стр____ по́езд
3. Широ́к____ окно́
4. Ма́леньк____ соба́ка
5. Тёмн____ во́лосы
6. Счастли́в____ ма́ма
7. Ни́зк____ фортепиа́но

What do you look like? / Как ты вы́глядишь?

QUESTIONS:

Как ты вы́глядишь?	[Kak ty vy´glidish?]	What do you look like?
Ты мо́жешь описа́ть себя́?	[Ty mo´zhish apisa´t' sibya´?]	Can you describe yourself?
У тебя́ + adj + nom? Ex.: У тебя́ дли́нные во́лосы?)	[U tibya´…? U tibya´ dli´nnyi vo´lasy?]	Have you got …? Have you got long hair?
Ты + adj? Ты высо́кий?	[Ty …?] [Ty vyso´kii?]	Are you …? Are you tall?
Ты высо́кого / ни́зкого ро́ста?	[Ty vyso´kava / ni´zkava ro´sta?]	Are you tall / short?
Како́й у тебя́ рост?	[Kako´I u tibya´ rost?]	How tall are you?

DESCRIBING YOURSELF:

У меня́ + adj + nom Ex.: У меня́ дли́нные во́лосы)	[U minya´… U minya´ dli´nnyi vo´lasy]	I've got … I've got long hair
Я + adj Я высо́кий	[Ya …] [Ya vyso´kii]	I'm … I'm tall
Я высо́кого / ни́зкого ро́ста	[Ya vyso´kava / ni´zkava ro´sta]	I'm tall / short
Мой рост 180 сантиме́тров	[Moi rost 180 santime´traf]	I'm 180 cm tall

When you describe other people you only change the pronoun "Я". For example:
- У **меня́** краси́вые но́ги → У **неё** краси́вые но́ги (я → она́ *in genitive case*)
- **Я** худо́й → **Он** худо́й (я → он)
- **Я** высо́кого ро́ста → **Ты** высо́кого роста (я → ты)
- **Мой** рост 163 сантиме́тра → **Их** рост 163 сантиме́тра. (я → их (*possessive* of они́)

5. Read four short texts below and complete the table.

1. Па́уль из Берли́на. У него́ коро́ткие тёмные во́лосы, высо́кий лоб, прямо́й нос, се́рые глаза́, ова́льное лицо́ и то́нкие гу́бы. Па́уль о́чень высо́кий. Его́ рост: две́сти сантиме́тров.

2. Са́ймон живёт в Вашингто́не. Ему́ девятна́дцать лет. У него́ дли́нные, све́тлые во́лосы, зелёные глаза́, ова́льное лицо́ и дли́нный, прямо́й нос. Рост Са́ймона 180 сантиме́тров.

3. Оли́вия живёт в Испа́нии, в Барсело́не. Она́ о́чень краси́вая. У неё дли́нные тёмные во́лосы, больши́е ка́рие глаза́, кру́глое лицо́, широ́кий нос и пу́хлые гу́бы. Оли́вия невысо́кого ро́ста.

4. Жа́нне 25 лет. Она́ из Росси́и. У неё краси́вое лицо́, дли́нные све́тлые во́лосы, голубы́е глаза́, прямо́й нос и то́нкие гу́бы. Она́ не о́чень высо́кого ро́ста. Её рост: 160 сантиме́тров.

Жа́нна, 25 Ро́ссия **Во́лосы:** **Глаза́:** **Нос:** **Гу́бы:** **Лицо́:** **Рост:**	Па́уль Герма́ния **Во́лосы:** **Глаза́:** **Нос:** **Гу́бы:** **Лицо́:** **Рост:**
Са́ймон, 19 США **Во́лосы:** **Глаза́:** **Нос:** **Гу́бы:** **Лицо́:** **Рост:**	Оли́вия Испа́ния **Во́лосы:** **Глаза́:** **Нос:** **Гу́бы:** **Лицо́:** **Рост:**

Choose and underline the chosen adjectives in the table below so that the information contained in it was true for you.

Во́лосы: тёмные / све́тлые дли́нные / коро́ткие
Глаза́: зелёные / голубы́е / се́рые / ка́рие
Нос: прямо́й / широ́кий / у́зкий
Гу́бы: пу́хлые (то́лстые) / то́нкие
Лицо́: кру́глое / ова́льное
Рост: высо́кий / ни́зкий

Try to describe yourself in Russian. Pay attention to the gender and number of nouns and corresponding adjectives.

I'm wearing a red dress / На мне наде́то кра́сное пла́тье

What is your favourite colour? What colours do you usually look for in clothes? Are you more into neutral or bright colours?

Read the colour words below.

кра́сный	си́ний	зелёный	жёлтый
чёрный	се́рый	кори́чневый	бе́лый

Below you will find some clothing vocabulary. Read the words out loud paying attention to your pronunciation.

пла́тье	костю́м	футбо́лка	пиджа́к	ку́ртка
шо́рты	джи́нсы	ту́фли	кроссо́вки	руба́шка
ша́пка	шарф	сви́тер	ма́йка	носки́

6. Think which of the clothes from the table above you would wear in warm and in cold weathers. Write them in the table.

Тёплая пого́да	Холо́дная пого́да

7. Colour the clothes. Alternatively you can write on the clothes the first letter of the colour, which you are supposed to colour the piece of clothing with.

1. Покра́сьте ку́ртку в зелёный цвет.
2. Покра́сьте ша́пку в кра́сный цвет.
3. Покра́сьте пла́тье в жёлтый цвет.
4. Покра́сьте футбо́лку в си́ний цвет.
5. Покра́сьте ту́фель в чёрный цвет.
6. Покра́сьте кроссо́вки в кори́чневый цвет.

What are you wearing? / Что на тебе́ наде́то?

The question "Что на тебе́ наде́то?" means "What are you wearing" (i.e. **right now**). If you want to know what a person **wears in general** you would ask "Что ты но́сишь?" ([Shto ty no´sish?] What do you wear?) or "Каку́ю оде́жду ты но́сишь?" [Kaku´yu ade´zhdu ty no´sish?] What kind of clothes do you wear?) To answer this question, you say: "Я ношу́ + noun". For example:
- Что ты но́сишь? → Я **ношу́** футбо́лки.
- Каку́ю оде́жду ты но́сишь? → Я **ношу́** пла́тья.

QUESTION:

Что на тебе́ наде́то?	[Shto na tibye´ nade´ta]	What are you wearing?

HOW TO ANSWER:

На мне* наде́т (-о/-а/-ы) + nom	[Shto na tibye´ nade´ta]	I'm wearing
Ex.: На мне наде́т бе́лый костю́м	[Na mne nade´t be´lyi kasty´m]	I'm wearing a white suit
На мне наде́то кра́сное пла́тье	[Na mne nade´to kra´snaye pla´t'ye]	I'm wearing a red dress
На мне наде́та зелёная ша́пка	[Na mne nade´ta zilyo´naya sha´pka]	I'm wearing a green hat
На мне наде́ты носки́	[Na mne nade´ty naski´]	I'm wearing socks

In your answer you can omit the word "**наде́т (-о/-а)**". For example:
- На мне наде́т бе́лый костю́м (m) → На мне бе́лый костю́м
- На мне наде́то кра́сное пла́тье (n) → На мне кра́сное пла́тье
- На мне наде́та си́няя ша́пка (f) → На мне си́няя ша́пка

*"**Мне**" is a **prepositional** case form of the personal pronoun "**я**". If you want to use a different pronoun you should put it into a prepositional case form as well. For example:
- На **ней** наде́то пла́тье (она́)
- На **нём** наде́т пиджа́к (он)
- На **них** наде́ты ку́ртки (они́)

GRAMMAR. Cases and personal pronouns "мы", "он, она́, оно́" and "они́".

	Мы [my]	Он	Она́	Они́ [ani´]
Nom.	Ex.: Мы рады [My ra´dy] We're glad	Ex.: Он рад [On rad] He's glad **Оно́** Ex.: Оно́ ра́до [Ano´ ra´do] It's glad	Ex.: Она́ ра́да [Ana´ ra´da] She's glad	Ex.: Они́ рады [Ani´ ra´dy] They're glad
Gen.	Нас [nas] Ex.: Нас тут нет [Nas tut net] We're not here	Его́ Ex.: Его́ тут нет [Ivo´ tut net] He's /It's not here	Её Ex.: Её тут нет [Yiyo´ tut net] She's not here	Их [ikh] Ex.: Их тут нет [Ikh tut net] They're not here
Dat.	Нам [nam] Ex.: Дай нам я́блоко [Da´i nam ya´blaka] Give us an apple	Ему́ [yimu´] Ex.: Даю ему́ я́блоко [Dayu´ yimu´ ya´blaka] I'm giving him / it an apple	Ей [yei] Ex.: Даю ей я́блоко [Dayu´ yei ya´blaka] I'm giving her an apple	Им [im] Ex.: Даю им я́блоко [Dayu´ im ya´blaka] I'm giving them an apple
Acc.	Нас [nas] Ex.: Она видит нас	Его́ [ivo´] Ex.: Она видит его́	Её [yiyo´] Ex.: Она видит её	Их [vas] Ex.: Она видит их

	[Ana´ vi´dit nas] She sees us	[Ana´ vi´dit ivo´] She sees him / it	[Ana´ vi´dit yiyo´] She sees her	[Ana´ vi´dit ikh] She sees them
Inst.	На́ми [na´mi] Ex.: Идём с на́ми [Idyo´m s na´mi] Come with us	Ним [nim] Ex.: Я иду с ним [Ya idu´ s nim] I'm going with him/it	Ней [nei] Ex.: Я иду с ней [Ya idu´ s nei] I'm going with her	Ни́ми [ni´mi] Ex.: Я иду с ни́ми [Ya idu´ s ni´mi] I'm going with them
Prep.	Нас [nas] Ex.: Он думает о нас [On du´mait a nas] He's thinking about us	Нём [nyom] Ex.: Он думает о нём [On du´mait a nyom] He's thinking about him / it	Ней [nei] Ex.: Он думает о ней [On du´mait a nei] He's thinking about her	Них [nikh] Ex.: Он думает о них [On du´mait a nikh] He's thinking about them

8. Write correct pronouns.

1. На _____ (он) наде́ты джи́нсы и футбо́лка.
2. На _____ (она́) наде́т костю́м.
3. На _____ (я) бе́лая ма́йка и пиджа́к.
4. На _____ (они́) наде́ты кра́сные кроссо́вки.
5. На _____ (вы) наде́та краси́вая ку́ртка.

Now you can have some practice with the exercises below. Feel free to refer to the module's contents if needed.

 **Exercises / Упражнения**

1. Divide the words below into two categories: оде́жда (clothes) and ча́сти те́ла (body parts).

джи́нсы	рука́	ту́фли	те́ло	ма́йка
кроссо́вки	у́хо	глаза́	пла́тье	рот
ша́пка	голова́	пиджа́к	лоб	руба́шка

Оде́жда	Ча́сти те́ла

2. Choose the adjective that fits each sentence.

1. У меня́ _____ сестра́.
   a. краси́вый   b. краси́вая   c. краси́вое
2. Я хочу́ купи́ть _____ пла́тье.
   a. кра́сная   b. кра́сное   c. кра́сные
3. Э́тот самолёт о́чень _____.
   a. бы́стрый   b. бы́строе   c. бы́страя
4. Я не люблю́ _____ бана́ны.
   a. зелёный   b. зелёная   c. зелёные
5. У мои́х друзе́й _____ дом.
   a. большо́й   b. больши́е   c. больша́я

6. Я ви́жу _____ соба́ку.

    a. ма́ленькая b. ма́ленькие   c. ма́ленькую

7. Она́ у́чит _____ языки́.

    a. иностра́нный   b. иностра́нными c. иностра́нные

8. У нас есть _____ дом.

    a. ле́тный   b. ле́тний   c. ле́тной

9. Зи́мы в на́шем го́роде обы́чно _____.

    a. холо́дная b. холо́дное c. холо́дные

10. Ты не зна́ешь э́того _____ мужчи́ну?

    a. высо́кий b. высо́кого c. высо́кую

3. Fill in the gaps in the sentences with adjectives.

1. У моего́ бра́та _____ маши́на.
2. Э́та карти́на о́чень _____.
3. У меня́ до́ма есть _____ стол.
4. У тебя́ есть _____ ру́чка?
5. Я не ношу́ э́ту ма́йку, потому́ что она́ _____.
6. Тебе́ ну́жно помы́ть лицо́, оно́ _____.
7. Э́тот телеви́зор не рабо́тает, потому́ что он сли́шком _____.
8. Э́тот дом о́чень све́тлый, потому́ что в нём _____ о́кна.

9. Самолёт — _____
   тра́нспорт.
10. На нём _____ кроссо́вки и
    _____ джи́нсы.

4. Match the questions to the answers.

1. Как он вы́глядит?
2. Каку́ю оде́жду ты но́сишь?
3. Что на ней наде́то?
4. Как ты вы́глядишь?
5. Каку́ю оде́жду но́сит твоя́ сестра́?

a) У меня́ дли́нные во́лосы, кру́глое лицо́ и голубы́е глаза́.
b) Я ношу́ спорти́вную оде́жду.
c) Он высо́кий. Коро́ткие тёмные во́лосы. Ка́рие глаза́.
d) На ней чёрное пла́тье и бе́лые кроссо́вки.
e) Она́ но́сит ма́йки и шо́рты.

5. Fill in the gaps in the dialogue with the pronouns from the list below.

я	их	они́	вы	вас	ты	мы	нас	тебя́	на́ми

Приве́т, Алёна! Приве́т, Ми́ша! Как у 1_____ дела?

Приве́т, Ва́ся! У 2_____ хорошо́! А у 3_____?
Что 4_____ здесь де́лаешь?

5_____ иду́ домо́й. А 6_____ куда́ идёте?

7_____ идём в кафе́. Там нас ждут Е́ва и Па́ша. Ты зна́ешь 8____?

Да. 9_____ у́чатся в мое́й шко́ле.

Отли́чно! Хо́чешь пойти́ с 10_____?

Да! Бы́ло бы здо́рово. Спаси́бо.

Отли́чно! / Excellent!

Glossary / Словарь

Russian	Transliteration	English
бе́лый	[be´lyi]	white
большо́й	[bal'sho´i]	big
Бы́ло бы здо́рово!	[By´la by zdo´rava!]	Would be great!
бы́стрый	[by´stryi]	fast, quick
весе́нний	[vise´nnii]	spring (adj)
во́лос, m pl. во́лосы	[vo´los] [vo´lasy]	a hair hair
вы́глядеть я вы́гляжу, мы вы́глядим, ты вы́глядишь, вы вы́глядите, он вы́глядит, они́ вы́глядят	[vy´glidit'] [ya vy´glizhu, my vy´glidim, ty vy´glidish, vy vy´gliditi, on vy´glidit, ani´ vy´glidyat]	to look like
высо́кий	[vyso´kii]	tall
глаз, m pl. глаза́	[glas] [glaza´]	an eye eyes
голова́, f	[galava´]	a head
голубо́й	[galubo´i]	blue
гру́стный	[gru´snyi]	sad
гря́зный	[grya´znyi]	dirty
гу́ба, f pl. гу́бы	[guba´] [gu´by]	a lip lips
джи́нсы	[dzhi´nsy]	jeans
дли́нный	[dli´nnyi]	long
жёлтый	[zho´ltyi]	yellow

зелёный	[zilyo´nyi]	green
знать я зна´ю, мы зна´ем, ты зна´ешь, вы зна´ете, он зна´ет, они´ зна´ют	[znat'] [ya zna´yu, my zna´im, ty zna´ish, vy zna´iti, on zna´it, ani´ zna´yut]	to know
иска´ть + acc я ищу´, мы и´щем, ты и´щешь, вы и´щете, он и´щет, они´ и´щут	[iska´t'] [ya ishchu´, my i´shchim, ty i´shchish, vy i´shchiti, on i´shchit, ani´ i´shchat]	to seek, to look for, to search
ка´рие глаза´	[ka´rii glaza´]	hazel eyes
Как ты вы´глядишь?	[Kak ty vy´glidish?]	What do you look like?
Как ты вы´глядишь?	[Kak ty vy´glidish?]	What do you look like?
Како´й у тебя´ рост?	[Kako´I u tibya´ rost?]	How tall are you?
Каку´ю оде´жду ты но´сишь?	[Kaku´yu ade´zhdu ty no´sish?]	What type of clothes do you wear?
кори´чневый	[kari´chnivyi]	brown
коро´ткий	[karo´tkii]	short
костю´м, m	[kastyu´m]	a suit
кра´сный	[kra´snyi]	red
краси´вый	[krasi´vyi]	beautiful, handsome, attractive
криво´й	[krivo´i]	curvy, bent
кроссо´вки	[kraso´fki]	sneakers
кру´глый	[kru´glyi]	round
ку´ртка, f	[ku´rtka]	a jacket (warm)

лицо́, n	[litso´]	a face
лоб, m	[lop]	a forehead
лу́чший	[lu´chshii]	best
ма́йка, f	[ma´ika]	tank tee
ма́ленький	[ma´lin'kii]	small, little
ме́дленный	[me´dlinnyi]	slow
Мне ка́жется	[Mne ka´zhitsa]	It seems to me
На мне (наде́т/-о/-а/-ы)	[Na mne (nade´t/-a/-a/y)	I'm wearing
невысо́кий	[nevyso´kii]	short
ни́зкий	[ni´skii]	short
но́вый	[no´vyi]	new
нога́, f	[naga´]	a leg, a feet
нос, m	[nos]	a nose
носи́ть я ношу́, мы но́сим, ты но́сишь, вы но́сите, он но́сит, они́ но́сят	[nasi´t'] [ya nashu´, my no´sim, ty no´sish, vy no´siti, on no´sit, ani´ no´syat]	to wear
носки́	[naski´]	socks
ова́льный	[ava´l'nyi]	oval (adj)
оде́жда, f	[ade´zhda]	clothes
пиджа́к, m	[pidzha´k]	a jacket, an undercoat
пла́тье, n	[pla´t'ye]	a dress
покра́сить я покра́шу, мы покра́сим, ты покра́сишь, вы	[pakra´sit'] [ya pakra´shu, my pakra´sim, ty pakra´sish, vy	to colour

покра́сите, он покра́сит, они́ покра́сят	pakra´siti, on pakra´sit, ani´ pakra´syat]	
прямо́й	[primo´i]	straight
пу́хлый	[pu´khlyi]	chubby, full
рост, m	[rost]	height
рот, m	[rot]	a mouth
руба́шка, f	[ruba´shka]	a shirt
рука́, f	[ruka´]	a hand, an arm
сантиме́тр, m	[santime´tar]	centimeter
све́тлый	[sve´tlyi]	light (adj)
сви́тер, m	[svi´ter]	a sweater
се́рый	[se´ryi]	grey
си́ний	[si´niy]	dark blue
Спаси́бо за по́мощь	[Spasi´ba za po´mashch]	Thank you for help
ста́рый	[sta´ryi]	old
счастли́вый	[shchisli´vyi]	happy
те́ло, n	[te´la]	a body
тёмный	[tyo´mnyi]	dark
то́лстый	[to´lstyi]	fat
то́нкий	[to´nkii]	thin
ту́фли	[tu´fli]	shoes
Ты высо́кого / ни́зкого ро́ста?	[Ty vyso´kava / ni´zkava ro´sta?]	Are you tall / short?
Ты мо́жешь описа́ть себя́?	[Ty mo´zhish apisa´t' sibya´?]	Can you describe yourself?
у́зкий	[u´skii]	narrow

у́хо, n pl. у́ши	[u´kha] [u´shi]	an ear ears
уро́дливый	[uro´dlivyi]	ugly
футбо́лка, f	[futbo´lka]	a t-shirt
худо́й	[khudo´i]	skinny, thin
цвет	[tsvet]	a colour
ча́сть те́ла, f	[chast' te´la]	a body part
чёрный	[cho´rnyi]	black
чи́стый	[chi´styi]	clean
Что на тебе́ наде́то?	[Shto na tibye´ nade´ta]	What are you wearing?
Что ты здесь де́лаешь?	[shto ty zdes' de´laish?]	What are you doing here?
Что ты но́сишь?	[Shto ty no´sish?]	What do you wear?
ша́пка, f	[sha´pka]	a hat
шарф, m	[sharf]	a scarf
широ́кий	[shiro´kii]	wide
шо́рты	[sho´rty]	shorts

Congratulations! / Поздравляю!

Congratulations! You have finished your journey with this book. You have been amazing! Keep going like this and, I bet, soon you will achieve even more incredible results!

Meanwhile let's have a look at what you have achieved so far. Put a tick next to the skills you have obtained.

Now I know how to:

Read Russian texts ☐

Say hello and goodbye in Russian ☐

Get to know another person in Russian ☐

Ask and answer "Что это?" and "Кто это?" questions ☐

Count in Russian ☐

Ask how old another person is in Russian and say how old I am ☐

Say what I have got and what I have not got in Russian ☐

Talk about my family and day in Russian ☐

Ask and tell directions in Russian ☐

Talk about hobbies in Russian ☐

Describe myself and other people in Russian ☐

Awesome, huh? Good luck with your future studies! Уда́чи!

KEYS / ОТВЕТЫ

Module 1. Exercises

1.

З з	z
Р р	r
Н н	n
Ё ё	yo
Ш ш	shch
Ы ы	y
С с	s
Ч ч	ch
Ю ю	yu
Я я	ya
Ф ф	f

2.

khleb	хлеб
kache´lya	каче´ля
prive´t	приве´т
alfavi´t	алфави´т
s''yom	съём
zhivo´t	живо´т
shcheka´	щека´
tyl	тыл
shi´shka	ши´шка
pis'mo´	письмо´
yozh	ёж

3.

мат
тон
вара´н
подъе´зд
еда´
ры´ба

Module 2. Exercises

1.

Formal	Informal
Здравствуйте	Пока
Иван Николаевич	Привет
До свидания	Увидимся
Как поживаете?	Как у тебя дела?
Как у вас дела?	Ваня
Добрый день	Коля

2.

1. *Здра́вствуйте*
2. *пожива́ете*
3. *Макси́м Семёнович*
4. *как дела́*
5. *Всё*
6. *До свида́ния*

3.

Оля	Ольга
Маша	Мария
Петя	Пётр
Даша	Дарья
Вова	Владимир
Дима	Дмитрий
Катя	Екатерина
Саша	Александр

4. Male: Витя / Виктор, Сёма / Семён, Паша / Павел, Костя / Константин, Лёша / Алексей, Вася / Василий

Female: Ксюша / Ксения, Таня / Татьяна, Наташа / Наталья, Аня / Анна, Света / Светлана

5. 4, 2, 6, 1, 2, 5

Module 3

1. The dialogue is informal, because we see such informal words and phrases as "приве́т" and "тебя́".

Меня́, тебя́ - genitive; мне – dative

2.	3.	
Row 1: 4, 3, 1, 9, 6, 5 Row 2: 10, 11, 7, 2, 12, 8	1. Германия 2. Швеция 3. Испания 4. США, Великобритания, Канада 5. Китай	6. Бразилия 7. Россия 8. Франция, Канада 9. Италия 10. Греция

4.

Masculine: стул, холод, журнал, компьютер, ребёнок, кот, рисунок, пакет, хоккей, интернет

Feminine: машина, игрушка, лодка, лампа, рыба

Neuter: метро, желе, фото, полотенце, радио, поле

5.

People (plural)	Man (singular, masculine)	Woman (singular, feminine)
Немцы	Не́мец	Не́мка
Испанцы	Испа́нец	Испа́нка
Русские	Ру́сский	Ру́сская
Итальянцы	Италья́нец	Италья́нка
Французы	Францу́з	Францу́женка
Шведы	Швед	Шведка
Китайцы	Кита́ец	Кита́янка
Бразильцы	Брази́лец	Брази́льянка
Американцы	Америка́нец	Америка́нка
Британцы	Брита́нец	Брита́нка
Канадцы	Кана́дец	Кана́дка

6.

1. Имя: Отто Страна: Германия Национальность: *Немец* Язык: *Немецкий*	3. Имя: Эрика Страна: США Национальность: *Американец* Язык: *Английский*

2. Имя: Луиза	4. Имя: Хосе
Страна: Франция	Страна: Испания
Национальность:	Национальность: *Испанец*
Француженка	Язык: *Испанский*
Язык: *Французский*	

Module 3. Exercises.

1.

Nom.	Я	Ты	Вы
Gen.	Меня	Тебя	Вас
Dat.	Мне	Тебе	Вам
Acc.	Меня	Тебя	Вас
Inst.	Мной	Тобой	Вами
Prep.	Мне	Тебе	Вас

2.
1. тебя
2. меня
3. тебя
4. я
5. мне

3.
Ex.: Как вас зовут? Приятно с вами познакомиться! Как у вас дела? etc

4.
1. Наташа
2. Наташа, Кристина
3. фотограф
4. Кристина
5. Никос
6. Никос, Греция
7. США
8. Наташа
9. певица
10. Кристина, Билл, Наташа

Module 4.

1.
Что? / What? – цветок, книга
Кто? / Who? – мальчик, птица

2.
1. Сумка
2. Мобильный телефон
3. Компьютер
4. Карандаш
5. Ручка
6. Ключи
7. Книга
8. Стол
9. Часы
10. Стул

3.
Мой – папа, брат, друг, дедушка
Моя – мама, сестра, бабушка
Моё – тело

4.

Objects - Кни́га, су́мка, компью́тер, телефо́н, ру́чка, каранда́ш, стол, стул, те́ло

Animals – Соба́ка, кот

People - Брат, друг, сестра́, де́душка, ба́бушка, , ма́льчик, мужчи́на, же́нщина, де́вочка

Кто: animals and people (он, она́)

Что: objects (он, она́, оно́)

Module 4. Exercises

1. 1-d, 2-b, 3-f, 4-e, 5-a, 6-c

2.
Кто - Соба́ка, брат, друг, же́нщина, де́вочка, кот, пти́ца
Что - су́мка, окно́, те́ло, компью́тер, цвето́к, по́ле, телефо́н

3. a-F, b-T, c-F, d-T, e-F, f-F, g-F

Module 5.

1. Now it won't be impolite, because this is a formal conversation. This might be a business interview or a conversation taking place in the bank where the bank worker needs to gather all necessary information about the client.

Module 5. Exercises

1.

99	девяносто девять	11	одиннадцать
21	двадцать один	63	шестьдесят три
15	пятнадцать	82	восемьдесят два
37	тридцать семь	30	тридцать
6	шесть	100	сто
54	пятьдесят четыре	46	сорок шесть

2.

двадцать семь	27	шестьдесят	60
сорок шесть	46	тридцать восемь	38
четыре	4	сто три	103
девяносто два	92	пятьдесят семь	57
восемьдесят один	81	двадцать	20
шестнадцать	16	две тысячи	2000

3.

Мне … лет	Мне … год	Мне … го́да
одиннадцать 13 15 99 *семьдесят три* 26 *пятьдесят пять*	*двадцать один* *тридцать один* 61	*семьдесят три* *сорок два* *девяносто четыре*

4.
1. Из США
2. 27
3. Журналист
4. Два языка
5. Нет

Module 6.

1. Овощи: помидор, огурец, тыква, кукуруза, перец, капуста
Фрукты: яблоко, апельсин, груша, банан, слива, лимон

2.

Морко́вь, (f)	морко́ви	Виногра́д, (m)	виногра́ды
Свёкла, (f)	свёклы	Я́года, (f)	ягоды́
Кабачо́к, (m)	кабачки́	Хлеб, (m)	хле́бы
Анана́с, (m)	анана́сы	Оре́х, (m)	оре́хи
Мандари́н, (m)	мандари́ны	Сыр, (m)	сыры́
Карто́шка, (f)	карто́шки	Суп, (m)	супы́
Мо́ре, (n)	моря́	Блю́до, (n)	блю́да
О́блако, (n)	облака́	Де́ло, (n)	дела́

Module 6. Exercises

1.
11. i
12. c
13. f
14. h
15. g
16. j
17. a

2.

Докуме́нт, m	докуме́нты	Гру́ша, f	гру́ши
О́блако, n	облака́	О́вощ, m	о́вощи
Ма́ма, f	ма́мы	Врач, m	врачи́
Письмо́, n	пи́сьма	Яйцо́, n	я́йца
Де́вочка, f	де́вочки	Студе́нт, m	студе́нты
Журнали́ст, m	журнали́сты	Огуре́ц, m	огурцы́

18. d
19. e
20. b

3.

Вот, держи́.	4
Да. У меня е́сть ру́чка.	2
Дай мне, пожа́луйста.	3
Пожа́луйста!	6
Приве́т! У тебя́ есть ру́чка?	1
Спаси́бо большо́е!	5

Module 7.

1. помидо́ров – plural, masculine (sg. nom. помидо́р)
капу́сты – singular, feminine (nom. капу́ста)
пе́рцев – plural, masculine (sg, nom. пе́рцы)
лу́ка – singular, masculine (nom. лук)

2.

де́душка, m	*де́душки*	поля́, n (plural)	*поле́й*
стол, m	*стола́*	телефо́н, m	*телефо́на*
ру́чка, f	*ру́чки*	учителя́, m (plural)	*учителе́й*
фами́лии, f (plural)	*фами́лий*	анана́сы, m (plural)	*анана́сов*
су́мка, f	*су́мки*	карто́шка, f	*карто́шек*
окно́, n	*окна́*	мо́ре, n	*море́й*

3. 1-a, 2-i, 3-f, 4-j, 5-k, 6-l, 7-e, 8-c, 9-b, 10-d, 11-g, 12-h.

4.

Singular, nom (У меня́ есть ~)	Singular, gen (У меня́ нет ~)	Plural, nom (У меня́ есть ~)	Plural, gen (У меня́ нет ~)
1. дива́н, m	дива́на	дива́ны	дива́нов
2. крова́ть, f	крова́ти	крова́ти	крова́тей
3. две́рь, f	двери́	две́ри	двере́й
4. шка́ф, m	шка́фа	шкафы́	шкафо́в
5. карти́на, f	карти́ны	карти́ны	карти́н
6. ко́мната, f	ко́мнаты	ко́мнаты	ко́мнат
7. кре́сло, n	кре́сла	кре́сла	кре́сел
8. ла́мпа, f	ла́мпы	ла́мпы	ламп
9. телеви́зор, m	телеви́зора	телеви́зоры	телеви́зоров
10. зе́ркало, n	зе́ркала	зеркала́	зерка́л
11. ва́за, f	ва́зы	ва́зы	ваз
12. по́лка, f	по́лки	по́лки	по́лок

5.

1. Приве́т! Меня́ зову́т Ма́ша. Я из Росси́и. Мне четы́рнадцать лет. Э́то моя́ ко́мната. У меня́ в ко́мнате есть крова́ть, окно́, стол, шкаф, телеви́зор и дверь. Но у меня́ нет <u>ва́зы, ла́мпы, цвето́в, карти́н, кре́сла, дива́на</u> и <u>по́лки для кни́г</u>.

2. Приве́т! Меня́ зову́т Ма́рк. Я из Герма́нии. Мне два́дцать пять. Э́то моя́ ко́мната. Моя́ ко́мната маленькая. В мое́й ко́мнате есть стол, стул, компью́тер и крова́ть. Но в моей комнате нет <u>шка́фов, дива́нов</u> и <u>карти́н,</u>

3. Приве́т! Я Э́льза. Я из Испа́нии. Мне три́дцать два го́да. Я худо́жник. В мое́й ко́мнате мно́го <u>карти́н</u> и <u>книг</u>. Есть большо́й стол, крова́ть и большо́е окно́. Но у меня́ в ко́мнате нет <u>компью́тера, телеви́зора</u> и <u>телефо́на</u>.

6. 1-c, 2-a, 3-d

Module 7. Exercises

1.

11. Докуме́нтов
12. Доро́г
13. Кварти́ры
14. Компью́тера
15. Шарфа́
16. Стен
17. Рестора́на
18. Пла́тья
19. Календаре́й
20. Блюд

2.

11. У меня́ есть апельси́ны
12. У меня́ нет помидо́ров
13. У меня́ есть по́лки
14. У меня́ телеви́зоров
15. У меня́ есть телефо́н
16. У меня́ нет огурцо́в
17. У меня́ есть докуме́нты
18. У меня́ нет оре́хов
19. У меня́ есть карто́шка
20. У меня́ нет зе́ркала

3.

2 + ба́бушка	две ба́бушки	11 + су́мка	оди́ннадцать су́мок
12 + гру́ша	двена́дцать груш	25 + соба́ка	два́дцать пять соба́к
35 + дива́н	три́дцать пять дива́нов	93 + мужчи́на	девяно́сто три мужчи́ны
3 + крова́ть	три крова́ти	13 + окно́	трина́дцать о́кон
29 + зе́ркало	два́дцать де́вять зерка́л	7 + фами́лия	семь фами́лий
40 + кукуру́за	со́рок кукуру́з	6 + мо́ре	шесть море́й
64 + помидо́р	шестьдеся́т четы́ре помидо́ра	19 + пла́тье	девятна́дцать пла́тьев

Module 8.

1.

7:30 – 9   9:00 – 6   18:00 – 10
8:00 – 2   12:00 – 7   20:00 – 11
8:30 – 8   16:00 – 3   21:00 – 5
8:45 – 4   17:00 – 1

2. Никогда – редко – иногда – обычно – часто – всегда

3.

1 – 5:30 / 5:00   4 - 6:45
2 – 16:20   5 – 10:00 / 11:00
3 – 7:00   6 – 8:15

4

1-k   4 - h   7-d   10-l
2-i   5 – j   8-c   11-e
3-g   6 – f   9-b   12-a

5. Понедельник, вторник, среда, четверг, пятница, суббота, воскресенье

Module 8. Exercises

1.

Infinitive	First-person singular
спать	сплю
одеваться	одеваюсь
работать	работаю
смотреть	смотрю
танцевать	танцую
петь	пою
идти	иду
слушать	слушаю
умываться	умываюсь
лететь	лечу

2.

Сколько времени? / Который час?

1 – две минуты пятого
2 – двадцать восемь минут четвертого
3 – час ровно
4 – без пяти (минут) два

5.
1. час
2. двух
3. пять
4. пятого

6.
1. В понедельник
2. Во вторник
3. В среду
4. В четверг
5. В пятницу
6. В субботу
7. В воскресенье

9.

Я — учи́тель. **Я работаю** в шко́ле. Ка́ждый день **я просыпаюсь** в 7:00, **умываюсь**, **чищу** зу́бы и **готовлю** себе́ за́втрак. В 8:00 **я завтракаю**, в 8:30 **одеваюсь**, а в 8:45 **иду** на рабо́ту. **Мой рабочий день** начина́ется в 9:00 утра. В 12:00 **у меня** обе́д. **Я** обы́чно **обедаю** в шко́льной столо́вой. В 16:00 **я заканчиваю** рабо́ту и **иду** домо́й. В 17:00 **я готовлю** у́жин, а в 18:00 **ужинаю** Ве́чером я ча́сто **смотрю** телеви́зор, **слушаю** му́зыку и́ли **читаю** кни́ги. В 20:00 **я принимаю** душ, а в 21:00 **ложусь** спать. На выходны́х **я** ино́гда **встречаюсь** с друзья́ми в кафе́ и́ли **хожу** по магази́нам.

10.

1. Я обычно **ложусь** спать в половину одиннадцатого.
2. В **среду** я всегда хожу по магазинам.
3. Я иду домой в половину **пятого**.
4. Я не **ем** апельсины.
5. Я никогда **не** смотрю телевизор.
6. **Я завтракаю** рано.
7. Я часто ложусь **спать** очень поздно.
8. Сейчас без одной **минуты** два.
9. Я **обедаю** в школьной столовой.
10. Сейчас семь **минут** двенадцатого.
11. Я принимаю душ в двадцать минут **восьмого** утра.
12. Иногда я не **смотрю** телевизор после работы.
13. Я **чищу** зубы утром и вечером.
14. Я не **люблю** играть в футбол.
15. Я одеваюсь в семь часов **утра**.
16. На выходных я часто **хожу** в кино.
17. В **воскресенье** я сплю до обеда.
18. - Сколько времени?
    - Без **двух** минут девять.

Module 9.

1.
самолёт-3
аэропорт-7
чемодан-1
билет-4
посадочный талон-6
зал ожидания-8
багаж-2
автобус-5

2.
For example:
- **тамо́женный контро́ль** /
[tamo´zhinnyi kantro´l'] customs
- **стю́ард / стюарде́сса**
[styu´art / styarde´ssa]
flight attendant
- **пило́т**
[pilo´t]
pilot

- **дью́ти-фри**
[d'yuti-fri]
duty-free
- **термина́л**
[termina´l]
terminal
- **регистра́ция**
[rigistra´tsiya]
registration
- **ви́за**
[vi´za]
visa

-**тра́нсфер**
[tra´nsfer]
transfer
- **вы́ход на поса́дку**
[vy´khat na pasa´tku]
a gate

3.
1-d   5-a
2-e   6-g
3-b   7-h
4-c   8-f

4.
"ет": хочет, покупает, пакует
"ит": смотрит
"ют": приезжают, получают
"ят": летят
"ут": живут, идут

"ится": учится, находится, садится
"ются": отправляются
"ятся": садятся

5.
1. сижу
2. пакует
3. летят
4. ходят
5. одевается
6. просыпаются
7. находится
8. чистит
9. ложусь
10. идёт
11. говорит
12. отправляюсь

6.
1-e
2-g
3-f
4-j
5-c

7.		8.	9.
д=ж	6. –а	1. кинотеатр	1. велосипед/машина
1. -а	7. –а	2. библиотека	2. автобус
2. –и	8. –и	3. кафе	3. самолёт
3. –а	9. -а	4. театр	4. поезд/самолёт
4. –а		5. музей	
5. -е			

Module 9. Exercises

3.	4.		5.
1. a, b / a, b	1. живут	10. садятся	графство
2. a / a	2. ходят	11. едут	штат
3. b / a	3. смотрят	12. идут	префектура
4. a, b / a, c	4. катаются	13. покупает	
	5. хотят	14. покупает	
	6. решают	15. приезжает	
	7. покупает	16. садятся	
	8. пакует	17. отправляются	
	9. отправляется		

Module 10.

1.		2.
1-g/k	7-e	**Inside**: играть в компьютерные игры, рисовать картины, учить иностранные языки, печь торты, играть на гитаре
2-a	8-h	
3-f	9-i	
4-c	10-j	**Outside**: играть в волейбол, фотографировать природу, гулять в парке, бегать по стадиону
5-b	11-k/g	
6-d		

3.

Окса́на	Родри́го
Страна́: *Россия*	Страна́: *Испания*
Во́зраст: *27 лет*	Во́зраст: *32*
Рабо́та: *художник в картинной галерее*	Рабо́та: *студент*
Хо́бби: *играть в футбол*	Хо́бби: *учить иностранные языки*
Э́мма	Чжень Ли
Страна́: *Великобритания*	Страна́: *Китай*
Во́зраст: -	Во́зраст: -
Рабо́та: *инженер в строительной компании*	Рабо́та: *переводчик*
Хо́бби: *фотографировать природу, печь торты*	Хо́бби: *спорт, компьютерные игры, готовить блюда китайской кухни*

4.
1-f   6-j
2-e   7-b
3-d   8-h
4-g   9-i
5-c   10-a

5.
1. ходишь
2. говорите
3. слушаю
4. делаете
5. рисуют
6. играем
7. летаете
8. покупаешь
9. пакуем, летим
10. гуляю

6.
1-весна
2-лето
3-зима
4-осень

7.

Весна́	1 катается на велосипеде в парке	
	2 ходит в походы с друзьями	
Ле́то	1 готовит молочные коктейли	
	2 загорает у бассейна	
О́сень	1 играет в компьютерные игры	
	2 смотрит фильмы	
	3 рисует	
Зима́	1 катается на лыжах	

8.

1- солнечно
2- облачно
3- дождливо
4 – пасмурно
5- снежно
6- ветрено

Module 10. Exercises

1.

П	Ы	Ф	У	Т	Б	О	Л	Е	З
К	И	Н	О	Ф	Е	Е	К	Ж	Н	Ё
О	А	С	Т	Х	Л	Г	И	Г	Р	А
М	Ы	Ы	О	Ъ	Е	А	Ф	И	К	А
П	Ь	Д	Г	З	В	Т	Е	Т	А	Ф
Ь	Ж	Г	Р	Ф	И	Ь	П	А	Р	К
Ю	В	О	А	Ш	З	Р	Н	Р	Т	Л
Т	З	Р	Ф	Г	О	Ф	Р	А	И	Ы
Е	Ф	В	И	Г	Р	А	Т	Ь	Н	Р
Р	Л	Щ	Я	З	Ы	К	И	Ё	Ы	Л

2.
1. она / он
2. мы
3. я
4. они
5. вы
6. ты
7. они
8. мы
9. я
10. он / она
11. вы
12. ты

4.
1. Сегодня дождливо
2. Там облачно
3. На улице ветрено
4. Осенью часто идёт дождь
5. Когда солнечно, я катаюсь на велосипеде в парке.
6. Сегодня снежно. Я не хочу играть в футбол.
7. Летом никогда не идёт снег
8. Весной иногда холодно
9. На улице жарко. Я хочу пить
10. Сегодня прохладно.

5.
1. ложатся
2. живёте
3. отправляетесь
4. хотим
5. чистишь
6. смотрите
7. гуляем
8. играет, играете
9. вижу, одеваешься
10. печёт, готовлю
11. готовим
12. едите
13. работаешь
14. хотите
15. знаем

Module 11.

1.
голова́ - f, sg
во́лосы – m, pl
рука́ – f, sg
нога́ - f, sg
нос - m, sg
у́хо – n, sg
рот – m, sg
те́ло – n, sg
лицо́ - n, sg

2.
1-a
2-d
3-b
4-c

глаз – m, sg
лоб – m, sg
гу́бы – f, pl

3.

1-f	7-a
2-c	8-j
3-e	9-g
4-i	10-d
5-l	11-k
6-b	12-h

4.
1. ые
2. ый
3. ое
4. ая
5. ые
6. ая
7. ое

5.

Жа́нна, 25 Ро́ссия	Па́уль Герма́ния
Во́лосы: *Длинные, светлые* **Глаза́:** *Голубые* **Нос:** *Прямой* **Гу́бы:** *Тонкие* **Лицо́:** *Красивое* **Рост:** *160 сантиметров*	**Во́лосы:** *Короткие, тёмные* **Глаза́:** *Серые* **Нос:** *Прямой* **Гу́бы:** *Тонкие* **Лицо́:** *Овальное* **Рост:** *200 сантиметров*
Са́ймон, 19 США	Оли́вия Испа́ния
Во́лосы: *Длинные, светлые* **Глаза́:** *Зелёные* **Нос:** *Длинный, прямой* **Гу́бы:** - **Лицо́:** *Овальное* **Рост:** *180 сантиметров*	**Во́лосы:** *Длинные, тёмные* **Глаза́:** *Карие* **Нос:** *Широкий* **Гу́бы:** *Пухлые* **Лицо́:** *Круглое* **Рост:** *Невысокий*

6.

Холодная погода: костюм, пиджак, куртка, джинсы, кроссовки, шапка, шарф, свитер, носки

Тёплая погода: платье, футболка, шорты, туфли, рубашка, майка

7.

1. green jacket	3. yellow dress	5. black shoe
2. red hat	4. blue t-shirt	6. brown sneakers

8.

1. нём	3. мне	5. вас
2. ней	4. них	

Module 11. Exercises

1.

Одежда: джинсы, кроссовки, шапка, туфли, пиджак, платье, майка, рубашка

Части тела: рука, ухо, голова, глаза, тело, лоб, рот

2.		**4.**	**5.**	
1-b	6-c	1-c	1. вас	6. вы
2-b	7-c	2-b	2. нас	7. мы
3-a	8-b	3-d	3. тебя	8. их
4-c	9-c	4-a	4. ты	9. они
5-a	10-b	5-e	5. я	10. нами

www.ingramcontent.com/pod-product-compliance
Lightning Source LLC
Chambersburg PA
CBHW071430070526
44578CB00001B/53